なぜ一流の男の腹は出ていないのか？

小林一行

かんき出版

人は中身ではなく外見で判断してしまう。
見る目は持っていても、観る才を持っていない

――ニッコロ・マキャベリ

変革せよ。
変革を迫られる前に
――ジャック・ウェルチ

自分がどう変化したか。
それを見るのは楽しい

——イチロー

はじめに

人は中身ではなく外見で判断してしまう。
見る目は持っていても、観る才を持っていない

冒頭でもご紹介したこの言葉は、『君主論』で有名なイタリアの政治思想家、ニッコロ・マキャベリが残したものである。

はるか昔から、人の上に立つものは「見た目」が重要視されてきた。これは、我々が生きる現代でも同じだ。

ここ数年、大企業の経営者や重役など「一流」「エグゼクティブ」と呼ばれるリーダーたちの間で、マラソンやトライアスロンに挑戦する人が増えている。

彼らの多くは、もともと身体を鍛えていたわけではない。社会的地位が上がってか

ら、身体を鍛えはじめているのだ。

引き締まった身体は自信を深める。そして、その自信によって醸し出される威厳や、堂々とした態度は人を惹きつける。

企業や組織のトップに立つ人間は、自分の決断に確固たる自信を持ち、それを多くの部下に信じ込ませることができなければ務まらない。

彼らは、見た目をよくすることこそが、人を引っ張っていくための重要な要素であることを知っているのだ。これはもちろん、一流、エグゼクティブと呼ばれる人だけにかぎった話ではない。見た目をよくすることは、すべてのビジネスマンにとって有意義なことなのだ。

とはいえ、本書の趣旨は、いますぐマラソンやトライアスロンをはじめようということではない。そこまでしなくてもあなたの見た目の印象を大きく変える方法がある。

それは、腹を凹ませることだ。

最初にお伝えしておきたい。本書に書いてある内容を実践すれば、忙しいビジネスマンでも自分を追い込むことなく、必ず腹を凹ませることができる。

腹を凹ませることができれば、会社の人間関係もよくなるし、仕事の成績も上がるのだ。

そして、ビジネスマンとして、成功するための資質を手に入れることができる。

もちろん、健康にもなるし、恋愛や家族など、人間関係もうまくいくようになる。

そう、人生そのものを変えることができるのだ。

なぜそこまで言えるのか?

それは、私自身が実際に体験したことだからだ。

私は、もともと人とコミュニケーションをとるのが大の苦手で、40歳のとき、うつ病になってしまった。さらに過食症も併発し、83kgまで体重が増えてしまった。身長がそれほど高くない私は、どこから見てもメタボ体型。

うつ病はなんとか克服して、会社に復帰することができたが、私のあまりの変わりはてた姿に、まわりの視線は冷たかった。もともと人間関係が苦手だったのに、さらに人と接することが怖くなり、仕事の成績もグングン下がっていった。

さすがに痩せなければと、さまざまなダイエットに挑戦した。

少量のご飯と野菜しか食べない「食事制限ダイエット」や、夕食を食べない「1日2食ダイエット」、1食をスープ+寒天だけに置き換える「寒天ダイエット」、食べたものを記録するだけの「レコーディングダイエット」。

食べ物を制限するだけでは痩せられないと、昼休みにジョギングをしたりもした。

しかし、どの方法も、だらしない性格だった当時の私には3日と続かなかった。

「40歳を過ぎたらもう痩せられない」とあきらめかけていたある日、私の人生を変える出来事が起こった。


当時私の上司は体重100kgを超える超巨漢。しかも、私がもっとも苦手としている人だった。その上司が私の腹を見ながら、自分の腹をポンポン叩きこう言ったのだ。

「はーはっはっ！　おまえも俺と同じだな！」

そのとき、私のなかで何かが弾けた。

「あなたにそこまで言われたくない！」

と、実際に言えたわけではないが、心のなかで叫んだ。

人生をあきらめかけていた私に「悔しい、絶対に見返してやる」という感情がわいてきたのだ。

その日から私は、やみくもにダイエットするのをやめ、人間の身体のしくみ、人はなぜ太り、なぜ痩せられないのか、ということを勉強し、意志の弱い自分でも継続できるダイエット法を徹底的に研究した。

そして、それを実践しはじめて約半年後、私は14kg痩せていた。その後もリバウンドすることなく、体重は少しずつ減り続け、2年間で25kgのダイエットに成功したのである。


ダイエットに成功してまず変わったのが、私に対する上司の態度だ。バカにしたような言葉を浴びせられることがいっさいなくなった。

さらに、しばらくぶりに会う人などからは「同一人物とは思えない!」「10歳以上若返って見える!」と、驚きの目で見られるようになった。

自信をとり戻した私は、社内の人間だけでなく、取引先とのコミュニケーションもうまくいくようになり、仕事の成績も徐々に上がっていった。それによってさらなる自信を手に入れることができた。

いままでは、書籍を執筆したり、ダイエットアドバイザーとして肥満に悩む人の手助けをさせていただけるようになり、充実した人生を送っている。

では、私はどうやって25kgのダイエットに成功したのか。

それは、

「食べる順番を変える」
「太りやすい食材を太りにくい食材に置き換える」
「通勤時や、勤務中にでもできるくらいの軽い筋トレを行う」

たったこれだけ。

食べる量も制限していないし、きつい有酸素運動もしていない。もちろんジムにも通っていない。会社の飲み会も断ったことはない。

本書では、その秘密を詳しく解説していく。

腹が凹むと人生が変わる。これは真実だ。

そして、腹を凹ませることは何歳からでも可能だ。

本書が、あなたが自分に対する自信を深め、人生をより充実させるための一助になることができれば幸いだ。

ダイエットセラピスト
日本ダイエット健康協会　認定インストラクター
国際メンタルセラピスト協会　認定メンタルセラピスト
小林一行

なぜ一流の男の腹は出ていないのか？　目次

装幀・本文デザイン　小口翔平＋平山みな美（ｔｏｂｕｆｕｎｅ）
ＤＴＰ　野中賢（株式会社システムタンク）

なぜ一流の男の腹は出ていないのか？

小林一行

1

あなたの腹は思った以上に見られている。

「カッコつけるのは若いうちだけ。いまさら見た目なんか関係ない」

「カッコなんて二の次。男は中身で勝負！」

こう思い込んでいる中年の男性は非常に多い。とくに家庭を持った中年男性は「もう外見など関係ない」と考える傾向が強い。ところが、世間の目はそう甘くはない。

あなたが思う以上に世間の人々は、あなたを「見た目」で判断している。

そしてじつはあなた自身でさえ、人を見た目で判断しているのだ。

「そんなことはない！」と思った読者も多いことだろう。

しかし、

もし、あの漫画の島耕作が太っていたら……。

もし、あのテレビドラマの半沢直樹が太っていたら……。


あれほどの人気が出ただろうか？

いや、そもそもあなたは漫画やドラマを見ていただろうか？

「人は外見じゃない」と言いつつも外見で判断しているのが人間なのだ。

2

腹の脂肪と自信のなさは、スーツでは隠せない。

「スーツを着れば、ちょっとくらいのメタボなら隠せる」と安心している男性は多い。たしかに最近のスーツはウエストがシェイプされているものが多く、パッと見、スリムに見えるように工夫されている。

しかし、この魔法は、椅子に座ったとたんあっという間に解けてしまう。

あなたも本当はわかっているはずだ。立っているときは目立たない腹の脂肪も、座るとベルトの上に乗っかってくることを。机に隠れて見えていないと思ったら大間違いだ。両隣の人から見られているかもしれない。面接など、机がなく、椅子だけというシチュエーションもビジネスシーンでは多々見られる。

「別に見られてもいいじゃないか！」という読者もいることだろう。

しかし、「人に見られているかも」「太っていると思われているかも」というコンプレックスは、自信を失わせることにつながる。

一流のビジネスマンは「仕事で成果を上げる→自信がつく→さらに成績が上がる」というサイクルをつくり出して出世している。腹を凹ませればさらに自分に自信がつき、業績が上がることも多い。腹の脂肪と仕事の成績は無関係ではないのだ。自信のなさはスーツでは隠せない。腹を凹ませて自信が生まれるなら安いものではないか。

3

信頼は腹からつくられる。

本書の読者はきっと、仕事で脂の乗りはじめる30代から40代の男性だろう。もしくは脂の乗りきっている50代の人もいるかもしれない。平社員だけではなく、係長や課長、はやい人なら部長なんていう人もいるかもしれない。しかし、仕事で脂が乗ることは大いに結構だが、脂がベルトに乗っかるのは問題がある。

言うまでもないことだが、商談、打合せ、面接など、ビジネスシーンでは「初対面」で信頼を勝ちとらなければならない場面が非常に多い。つまり、第一印象が悪いというだけでビジネスでは圧倒的に不利な立場に立たされることになるのだ。そして、その大切な第一印象は「見た目」に大きく支配されている。

「メラビアンの法則」というものをご存じだろうか。

人の第一印象は出会ってから5秒以内で決まる。そしてその判断基準の5割以上を視覚情報から得ているという心理学の法則だ。

「視覚情報」のなかには、表情やしぐさも含まれているが、もちろん「見た目」も重要な要素のひとつだ。

続いて声の質や大きさ、話し方が4割弱、話の内容にいたっては全体の7%しか影響を及ぼさないのである。

見た目が、その人の第一印象のほとんどを決めていることは、厳然たる「事実」なのである。

つまり、相手から好印象を持たれ、信頼を得るためには、話術を磨くより、見た目をよくすることのほうが効果的なのだ。

あなた自身もメタボな人を見たらこのような印象を持ってしまうのではないだろうか。

「メタボ経営者＝押しが強そう、ワンマン、人の話を聞かなそう」「メタボ営業＝暑苦しい、押し売りされそう、判断が鈍そう」……。

実際には、太っていても優秀な経営者や営業マンはたくさんいるのだが、結局人は、こんなふうに、他人を「見た目の印象」で判断してしまう。これは、仕事をするうえで大きな障害になりかねない。

仮に、あなたが優秀な営業マンだったとしても、太っているというだけで相手との距離を縮めにくくなっている可能性があるからだ。

ここで少し、日常の対人関係を振り返ってみてほしい。

取引先のあなたに対する態度はどうだろう？

親しい間柄であればさほど感じないかもしれないが、新規取引先にいって名刺交換をしたときに、どこかよそよそしい感じはしないだろうか？

商談の成否を決める、詰めの条件交渉で、先方はあなたの出した提案に耳を傾けているだろうか？

もし、ひとつでも思いあたることがあれば、あなたは自分の実力を最大限発揮できておらず、大損をしている可能性がある。

逆に考えれば、腹を凹ませることができれば、まだ自分の成績と給料を上げる余地があるとも言えるのだ。

4

「太っている＝癒し系」はウソ。一流の男は「かわいい」と言われて喜ばない。

あなたは、周囲の女性社員からどのように見られているか考えたことがあるだろうか。ビジネス経験が長い人なら実感していると思うが、女性社員に信頼されることは、あなたの仕事にとって非常に重要なのである。

たとえば、日々、業務の後方支援を行ってくれている内勤の女性事務員からの印象を上げ、味方につけることができれば、ここぞというときに協力を得られるし、自身の成果につなげることができる。逆に印象が悪ければ、自身の成績が下がってしまうことにもつながりかねない。

だからといって、ただやみくもに話しかけ、髪型や服装をほめたり、お菓子をプレゼントすればいいというものでもない。女性はそんなに単純ではないし、下手をすればセクハラと捉えられかねない。

あなたが何も言わなくても、何もしなくても、あなたの全身から醸し出される「雰囲気」がよければ、女性社員との距離は縮まり、信頼されるようになるのだ。

それを邪魔するのも、腹にボッテリとついた脂肪である。これこそがまさに、あなたと女性社員との距離を決定的に引き離しているのである。

「俺は女性社員ともいい人間関係を築いている」と思っているあなたも油断は禁物だ。

女性から見たメタボ男性の印象

フットワークが悪い	66.5%	消極的	8.6%
怠慢	43.1%	元気	7.2%
愛嬌がある	30.9%	PC知識が豊富	6.5%
時間管理が下手	25.5%	ポジティブ	6.0%
貫禄がある	25.1%	短気	5.5%
頭の回転が悪い	22.5%	忍耐強い	3.4%
がさつ	20.5%	その他	10.8%

出典：男のエステ ダンディハウス「男の肥満」アンケート（2007年 複数回答）

上のアンケート結果を見ていただきたい。

これは、女性の「肥満男性」に対する評価に関するアンケート結果だ。

「フットワークが悪い」「怠慢」「時間管理が下手」といったネガティブなイメージが大半を占めており、「愛嬌がある」「貫禄がある」というポジティブなイメージを大きく上まわっている。

このように、あなたが太っていることが、女性からプラスに評価されることは非常に少ないと考えていい。

女性の「肥満男性」に対する評価はとても厳しいのだ。

女性社員から太っていることを「かわ

いい」などと言われて、「このままでもいいのかな？」と考えていたり、ひそかに喜んでいる読者はいないだろうか？

冷静に考えれば、これが本心からの言葉ではないことがわかるはずだ。

5

あなたの腹はあなたの内面を映し出す。

「男は40歳を過ぎたら自分の顔に責任を持て」と言われるように、歳を重ねると、自分の内面が外見に現れてくる。

太っているというだけで自己管理ができていない、だらしないというイメージを持たれがちだが、それは実際にあなたの内面を映し出している可能性が高い。

たとえば、いわば「不要品」である腹の脂肪を体内にため込んでいても平気でいられるという心理は、「モノを捨てられない」「ムダ遣いをやめられない」という、だらしない生活習慣につながりやすい。

また、太っている人は、夜中に食べたり、寝る時間が不規則だったりと、自分の生活リズムをコントロールできていない人が多い。

事実、アメリカでは「太った社員は自己管理ができていない」という評価をされ、査定が低くなってしまうという例もある。あの自由と平等を愛する国でもそうなのだ。

逆に言えば、腹を凹ませれば心理状態が変わり、だらしない生活から脱出できたり、自己管理ができるようになるということ。その結果、人間関係がよくなったり、お金がたまるようになったりと、人生そのものを変えることもできるようになるのだ。

6

「忙しい」が口ぐせの人は太る。

一流のビジネスマンは時間管理がうまい。忙しいはずなのに、自分の仕事とプライベートを両立させ、人生を充実させている。逆に仕事ができない人は、つねに「忙しい」「時間がない」ということを口にしている。この口ぐせはあなたを太らせる。

そのような人は、主体的な時間管理ができていない。他人の都合に振りまわされて、自分の時間を人に預けてしまっている状態なのである。このストレスは非常に大きい。それを解消するために、暴飲暴食に走り、肥満になってしまうケースも多いのだ。

また、「忙しい」という言葉は、新たなことにチャレンジする意欲を奪ってしまう。「やらない自分」を正当化する言い訳として非常に便利な言葉だからだ。

せっかく、ダイエットをしようとする気持ちになっても、自分で時間をコントロールできていないので「やりたいこと」が永遠に後まわしになってしまう。

本気で人生を変えたいと思うなら、まず「忙しい」「時間がない」という口ぐせをやめることだ。そして、自分の「本当にやりたいこと」を中心に時間を配分する。この努力をするだけでも、意識が変わり少しずつ時間管理がうまくなってくる。ストレスが減れば代謝もよくなり、痩せることにもつながる。

時間に振りまわされないことも、ダイエットを成功させる秘訣のひとつなのだ。

7

一流のリーダーの基本は、「この人のようになりたい」と思われること。

太っていることは、マネジメントにも大きな影響を及ぼす。

なぜなら、「ついていきたいリーダー」の第一条件とは、「この人のようになりたい」と思われることだからだ。これはミドルマネジメント向けのビジネス書にもよく書いてあることであり、いまさら言うまでもないことだろう。

そのための要素として挙げられるのは、「リーダーシップを持っている」「思いやりがある」「ブレない自分軸を持っている」といった内面に関することだろう。

しかし、じつは「この人のようなカッコいい人になりたい」という、直感的な人物像がもっとも人を惹きつけ、部下に影響を与える要素なのだ。この「カッコよさ」のなかには、前述のリーダーシップや思いやり、自分軸だけではなく、「外見」という要素も多分に含まれている。

想像してほしい。でっぷりと腹に脂肪を蓄えたメタボ上司が思いやりにあふれ、リーダーシップやブレない自分軸を持っていたとして、スリムでカッコいい同様の人物と比較した場合、どちらに憧れ、その人のようになりたいと思うだろうか？

マネジメントで悩んでいるリーダーにとって、「見た目をよくすること」は非常に優先順位の高い課題なのである。

8

腹のたるんだリーダーに人はついてこない。

読者のなかには、若い部下との接し方がわからず、悩んでいる人もいるはずだ。

バブル期までのリーダーは「俺についてこい！」という感じで、有無を言わさずグイグイ人を引っぱっていくタイプが多かった。このようなリーダーなら、部下の意見を聞く必要もなく、多少信頼されなくても「とにかくやれ！」と言えば部下はついてきてくれた。しかし、いまはそんなやり方では部下はついてこない。

とくに、若い部下と接するときは、同じ目線で課題を共有し、部下の意見を頭ごなしに否定するのではなく、いいところを見つけ出しながら全体の意見と調和させていくことが必要だ。

しかし、ここで気をつけなければならないのは、部下にナメられてはいけないということ。前述したとおり、腹がたるんでいる人は「自己管理ができていない」と思われてしまう。これでは尊敬されるわけがないし、真の信頼は生まれない。それを、目に見えるかたちで払拭するには、たるんだ腹を凹ませるしかないのだ。

この事実に直面したときに、あなたが「最優先で行うべきこと」がおのずとわかるはずだ。

9

自己啓発セミナーに通うより、腹を凹ませたほうが仕事はうまくいく。

メタボ腹の人は、「自分なんかどうせ人から嫌われている」と思っていることが多い。私自身も、かつてはそうだった。

これは自分の表層意識では気がつかない場合もあるため、自分では「そんなことない」と思っていても、心の奥底にこうした思いが潜んでいることがある。

そしてその思いが、「まず人を疑う」「相手の悪い面ばかり見てしまう」という言動に現れてくる。これでは人を心から信用することはできない。すると相手もそれを敏感に察知して、あなた自身も信用されなくなってしまう。それでは信頼関係など生まれようもない。こういった悪いスパイラルも、腹を凹ませることで解決できる。

ダイエットに成功すれば、大きな達成感を得ることができる。この成功体験は、見た目だけではなく、仕事や人間関係など、あらゆる分野の自信につながる。そしてそれは、日ごろの言動や所作などにも現れるのだ。

自信がつけば人を思いやる余裕も生まれ、まわりの人から信頼されるようになる。「コミュニケーション能力改善セミナー」「マネジメント力向上セミナー」などに通うより、腹の脂肪を落とすほうが、自信に満ちた魅力的なビジネスマンになるための近道であることがおわかりいただけただろうか。

10

腹を凹ませるのは、世間で言われているほど難しいことではない。

ここまで、腹が出ていることがいかに仕事に悪影響を与えているかということをお話ししてきた。

とはいえ「わかってはいるけれど、そう簡単に痩せられるものではない」「ダイエットは続いたためしがない」と思う人が大半だろう。しかし、痩せるといっても、腹の脂肪を落とすのは、世間で言われているほど難しいことではない。

なぜなら人間は、腹に脂肪をため込むようにできているからだ。逆に言えば、ダイエットをすると、腹から痩せていくということ。つまり、身体の脂肪を減らすのにいちばん効率的なのは、腹についた脂肪を落とすということなのである。

そうはいっても、やはり腹についた脂肪を落とすのは、大変なことに思える。

でも、あきらめないでいただきたい。

じつは、男性の腹についた脂肪は、とても落ちやすい脂肪なのだ！

しかも、激しい運動やきつい食事制限も必要ない。

「そんなこと言って……。俺は騙されないぞ！」と思った人も多いことだろう。

しかし、これは真実なのだ。

次項で詳しく説明しよう。

11

男の脂肪は落ちやすい。

世間では「しつこい脂肪」「なかなか落ちない贅肉」と表現されることの多い男性の腹だが、これはとんでもない勘違いだ。

腹まわりに付着する脂肪は2種類ある。ひとつは「皮下脂肪」。そしてもうひとつは「内臓脂肪」である。

じつは、この2種類の脂肪のつき方は男女によって、違いがある。同じ肥満でも男女で太り方に違いがあると言い換えてもいいだろう。

一般的に男性は腹部まわりに「内臓脂肪」がつきやすい。一方で女性は、下腹部や腰まわり、太ももなどに「皮下脂肪」がつきやすいという傾向がある。

よく男性は「リンゴ型肥満」、女性は「洋ナシ型肥満」と言われているが、これは、腹部の中央に内臓脂肪がつきやすい男性と、下半身に皮下脂肪がつきやすい女性の特徴を表した言葉である。「男の脂肪は落ちやすい」ということの理由はここにある。

男性の肥満の原因になる内臓脂肪は「血液中に溶け出しやすい」という性質があるからだ。血液中に溶け出しやすいということは、その溶け出した脂肪を燃焼させやすいということ。このため、きつい運動をしなくても、軽い運動を継続するだけで、比較的簡単に脂肪を減らすことができるのだ。

12

効率的に腹を凹ませるには、動かなくてもエネルギーを消費する身体をつくれ！

軽い運動を継続すれば脂肪は落ちると書いた。しかし、運動が苦手な人も多いことだろう。そんな人はまず「勝手に痩せる身体」をつくることをおすすめする。

人間は、「基礎代謝」「活動代謝」「食事代謝」という、3種類の「代謝」によってエネルギーを消費する。

「基礎代謝」とは心臓や脳、内臓など普段は動かしていることをまったく意識していない身体の各器官を動かすためのエネルギー、すなわち「生きているだけで消費するエネルギー」である。「活動代謝」とは、普段我々が行っている「生活活動で消費するエネルギー」のこと。意図的に運動することで消費するエネルギーもここに含まれる。最後の「食事代謝」とは、食事した際に食べたものを分解・吸収・消化するために、食事後すぐに消費されるエネルギーのことである。

人間が1日に消費するエネルギーのうち、この3つの代謝活動の割合は「基礎代謝＝70％、活動代謝＝20％、食事代謝＝10％」となっている。つまり、我々が消費するエネルギーの大半は「基礎代謝」なのだ。

基礎代謝を高め、自分が動かなくてもエネルギーを消費する身体に変えることが、効率的に腹を凹ませるための最短距離なのである。

13

内臓に運動させれば腹は凹みはじめる。

基礎代謝で消費されるエネルギーのうち、身体の器官ごとの割合は「内臓＝38％、筋肉＝22％、脳＝20％、脂肪＝4％、その他＝16％」となっている。このように基礎代謝のなかでは「内臓」が占める割合がもっとも高いのである。

つまり、基礎代謝を高めるには、まず、内臓の動きを活発にすればいいのだ。内臓の基礎代謝を高めるには、内臓を健康にして活動を活発にさせることがもっとも近道である。

また、内臓脂肪は胃腸のぜん動運動などで消費されやすい。じつは、食べたものを消化するために使われるエネルギーは1日の消費カロリーのうち10％を占める。これは無視できない数値だ。このため胃腸の働きを活性化することにより、内臓脂肪はさらに燃焼しやすくなるのである。

内臓の活動を活発にする方法は、とても簡単だ。後ほど詳しく解説するが、食物繊維やビタミン、ミネラルを多く含む「野菜・海藻・キノコ」や「納豆・キムチ」などを積極的に食べればいいのだ。

腹を凹ませるためには、自分で汗をかく前に、内臓に汗をかかせるということを、覚えておいていただきたい。

14

食事制限はストレスをため、思考力を奪う仕事のいちばんの敵である。

ダイエットというと世間の大多数が「食事を減らさなくてはいけない」「食べるのをガマンしなくてはいけない」と考える。しかし、ガマンして食事を減らすと大きなストレスが生じる。仕事や人間関係をよりよくするために腹を凹ませようとしているのに、ダイエットのストレスで仕事に悪影響を及ぼすようでは本末転倒だ。さらに、食事制限により栄養が不足すると、仕事にいちばん大切な思考力、判断力が奪われる。

また、人間の身体は、食事制限によって摂取する栄養が減ると、飢餓に備えて食べたものからより多くの栄養素を吸収しようとしたり、基礎代謝を落として消費するエネルギー量を減らそうとする。さらに、この状態を放っておくと、エネルギーを蓄えるために脂肪ではなく筋肉を燃やすようになる。こうなると、さらに筋肉が落ちて基礎代謝が下がってしまうため、より脂肪がつきやすい身体になってしまう。

「食べてはいけない」と思ってしまうと余計に「食べること」に注意が向いて食欲が増してしまうのが、人間の心理である。これはけっしてあなたの意志が弱いせいではない。人間の脳がそうつくられているのだ。

腹を凹ませるためには「食べてはいけない」という思い込みを手放すという、ダイエットに対する意識改革が必要なのだ。

15

短期間の体重変動は脂肪の増減ではない。

私たちは「昨日宴会で食べ過ぎたから2kg太った」など、食べたことによって体重が増えると、それがすぐに「太った＝脂肪が増えた」と考えてしまう。しかし、人の身体のメカニズムはそれほど単純ではない。

あなたは2kgの肉の塊を見たことがあるだろうか？　見たことのない人は一度スーパーや肉屋にいって、肉のブロックを見てみるといい。きっとその大きさに驚くことだろう。そんな量の脂肪が1日のうちに生成されて腹に付着することがありえるだろうか？　冷静に考えればそんなことはありえないとわかるはずだ。

短期的な体重の増加は、胃腸のなかにまだ未消化で残っている食物や「体内の水分量の増加」によるものである。

塩分が多い食事をすると、細胞外の浸透圧が高まる。すると均衡をとるために身体は本能的に水分を多くため込む。塩辛いものを食べたあと、のどが渇いて水を飲みたくなるのはこのためだ。

このように短期的な体重変動は「水分量の増加」が原因であり、これは食事の量だけでなく、食事で摂った「塩分の量」にも比例する。

もちろん、体内の水分量は時間を経ることで徐々に均衡状態に戻っていくため、自然と元どおりの水分量に落ち着くようになっている。

食べ過ぎて一時的に体重が増えた翌日、絶対にやってはいけないのは、次の日の食事を1食抜くという具合に「1日で帳尻を合わせようとする」ことだ。

絶食や極端な食事制限で帳尻を合わせようとすると、前述した飢餓から身を守る本能にスイッチが入ってしまい、身体が余分な脂肪を蓄え、食欲を増大させてしまう。こうなると甘いものや高脂質のものを食べたくなったりして、結果的に肥満を増大させてしまうことになりかねない。

腹を凹ませるうえで大切なことは、短期間の体重変動に惑わされず、自分の生活パターンを守ることである。

前日に食べ過ぎたとしても、一喜一憂せず、普段の食事・生活パターンを守ることを心がけるだけでいいのだ。

もし前日の食べ過ぎに対して何か対策を行うならば、十分な水分を摂って、昼休みに会社からちょっと離れたレストランで食事をする、朝ひと駅前で降りて会社まで歩くなど、普段よりウォーキングを多めに行うことをおすすめする。

また、肉や卵などたんぱく質の多い食品をたくさん食べてしまった場合は、身体が酸性に傾いているので、カリウムの多いバナナやアボカド、納豆、ほうれんそうなどを食べて、身体のｐＨ値を平常値に戻すことを手助けしてあげれば、よりはやく身体の水分量や代謝を元に戻すことができる。

短期的な体重の増加は、こういった簡単なことを意識するだけで、あっという間に元に戻せる。

慌てて過激な絶食に走ることなく、通常の生活に戻し、軽い運動などで身体の各器官の働きを正常に戻すことが重要なのである。

16

「肉を食べると太る」はウソ。太りにくい身体は肉によってつくられる。

よく、運動するのが面倒だからと、肉を制限して痩せようとする人がいるが、そのような人は1年後、いま以上に太っていることだろう。

一般的に「肉は太る」と思われがちであるが、じつは、それは間違った思い込みだ。むしろ肉は痩せるために必要な食品なのだ。

とくに男性は女性に比べて筋肉量が多いため、筋トレなどの無酸素運動で筋肉を活性化させ基礎代謝を高め、脂肪燃焼効果を上げることがもっとも効率的だ。

前述のとおり、食事の量を制限するだけでは、筋肉量が落ちてしまう。

筋肉は脂肪よりも重い。食事制限によって筋肉が落ちると、体重が急激に減るため、一見痩せたように見えるが、これでは肝心の「基礎代謝」が落ちてしまう。基礎代謝が落ちれば当然、脂肪が燃焼しづらくなる。それ以上に体重を落とすためには、さらなる食事制限をするしかない。そんなことが続くわけがない。

食事制限は「リバウンドしやすい身体をつくる行為」なのである。

腹を凹ませたいなら筋肉量を減らすことはご法度なのだ。

筋肉をつくるためには、たんぱく質をきちんと摂取しておかなければならない。つまり、肉を食べるということだ。

もちろん、カルビやバラ肉など、脂まみれの肉は避けていただきたいが、高たんぱくな赤身の肉、鶏肉などは、太りにくい身体をつくるためには必要不可欠なのだ。たんぱく質は、筋肉だけでなく内臓や脳、髪の毛や爪に至るまで、人の身体のあらゆる部分を構成している。

痩せにくい身体になるだけでなく、必須栄養素が不足すれば健康を損なったり病気などへの耐性も落ちかねない。

とくに、日本人はたんぱく質の摂取量が少ない傾向があるので積極的に肉を食べていただきたい。

また、よく「ダイエット中は動物性たんぱく質ではなく、植物性たんぱく質を摂取すべきである」と言われているが、これも栄養が偏りやすいため注意が必要だ。

たんぱく質は、20種類のアミノ酸から構成されている。

このうち9種類のアミノ酸は「必須アミノ酸」と呼ばれており、人間が生きていくうえで、どれも欠けてはならないものだ。ひとつでも不足すると全体のバランスが保たれず、代謝活動が低下する。

動物性たんぱく質は、必須アミノ酸を摂取するためにとても大切な栄養素なのだ。

必須アミノ酸は、食べ物からしか摂取することができない。
動物性たんぱく質である肉や魚も「ダイエットに必須」と言える食品なのである。

17

脂肪はこうしてつくられる。

体内で脂肪がつくられる背景には「血糖値とインスリン」が深くかかわっている。まず、人間が食物を食べ、消化・吸収する際に血液中の糖質の値（血糖値）が上がる。血糖値が急激に上昇すると、さまざまな器官が傷ついてしまう。糖尿病の合併症として腎臓障害や網膜症が発症するのはこのためだ。そのような状態にならないよう、人間には血糖値の上昇を抑制するしくみがある。

血糖値が上昇すると、すい臓からインスリンというホルモンが分泌され血糖値を下げる。この際、血液中の糖質から中性脂肪がつくられるのだ。

脂肪の蓄積は血液中の糖質が脂肪に変わることにより起こるのである。

血糖値の上がりやすい食品を摂取すると、急激に上がった血糖値を下げるために大量のインスリンが分泌され、たくさんの中性脂肪が合成されてしまう。逆に、血糖値の上がりにくい食品であれば、血糖値の上昇が穏やかであるため、大量のインスリンを分泌しなくても十分に血糖値を下げられる。この場合、中性脂肪の合成も少なく抑えられる。

つまり、腹を凹ませるためには「血糖値の急上昇を防ぐ食べ方」を身につけることが、もっとも重要なのである。そのために必要な知識を解説していこう。

18

血糖値を制する者は、
食欲を制する。

血糖値の上がりやすい食品は、中性脂肪を増やすだけではなく、空腹感を覚えやすいという特徴がある。脳は、血糖値の上下で満腹感や空腹感を判断しているからだ。血糖値の上がりやすい食品を摂取すると、急激に上がった血糖値を下げるために大量のインスリンが分泌され、急速に血糖値が下がる。このせいで、空腹感を覚えてしまう。逆に、血糖値の上がりにくい食品は、上昇が穏やかなぶん、下がり方も穏やかだ。このため空腹感を覚えるまで、時間がかかる。

つまり、血糖値の上下をコントロールできれば、食欲を抑えることができ、ムリな食事制限をしなくても、腹を凹ませることができるのである。

では、血糖値が上がりやすい食品、下がりやすい食品はどのように判断すればいいのだろうか。

その指標として、「GI（グリセミックインデックス）値」というものがある。これは、ブドウ糖を100として、血糖値の上がりやすさを数値化した単位である（おもな食品のGI値は68〜71ページ参照）。

GI値の高い食品は、「脂肪をため込みやすく、腹持ちが悪い」、低い食品は「脂肪がつきにくく、腹持ちがいい」と覚えておいていただきたい。

野菜類	
にんじん	80
だいこん（切干）	74
とうもろこし	70
にんにく	49
ごぼう	45
れんこん	38
たまねぎ	30
トマト	30
おくら	28
長ねぎ	28
しょうが	27
カリフラワー	26
キャベツ	26
さやいんげん	26
だいこん	26
たけのこ	26
にら	26
ピーマン	26
かぶ	25
なす	25
ブロッコリー	25
セロリ	24
モロヘイヤ	24
きゅうり	23
白菜	23
レタス	23
大豆もやし	22
ほうれんそう	15

海藻類	
昆布の佃煮	27
のりの佃煮	23
ひじき	19
昆布	17
あおのり	16
茎わかめ	16
生わかめ	16
焼のり	15
寒天	12
もずく	12
ところてん	11

豆類	
こしあん	80
つぶあん	78
油揚げ	43
豆腐	42
えんどう豆	38
おから	35
納豆	33
枝豆	30
大豆（水煮）	30
いんげん豆	27

種子類	
カシューナッツ	34
アーモンド	30
ピーナッツ	28
ピスタチオ	18
くるみ	18

食品別GI値リスト

穀類（炊いたもの）	
もち	85
精白米	84
赤飯	77
おかゆ（精白米）	57
玄米	56
五穀米	55
発芽玄米	54

パン類	
あんパン	95
フランスパン	93
食パン	91
ロールパン	83
クロワッサン	68
ライ麦パン	58
全粒粉パン	50

麺類	
うどん（乾）	85
うどん（生）	80
インスタントラーメン	73
マカロニ	71
そうめん（乾）	68
スパゲッティ（乾）	65
スパゲッティ（生）	65
中華めん（生）	61
そば（生）	59
そば（乾）	54
スパゲッティ（全粒粉）	50
春雨	32

粉・パン粉類	
パン粉（乾燥）	70
片栗粉	65
薄力粉	60
天ぷら粉	60
強力粉	55
そば粉	50
全粒粉小麦	45

いも類	
じゃがいも	90
やまいも	75
かぼちゃ	65
ながいも	65
さといも	64
さつまいも	55

キノコ類	
しいたけ（干し）	38
えのき	29
まつたけ	29
エリンギ	28
しいたけ（生）	28
しめじ	27
きくらげ	26
なめこ	26
マッシュルーム	24

こんにゃく類	
こんにゃく	24
しらたき	23

乳製品・卵類

飲むヨーグルト	33
カッテージチーズ	32
カマンベールチーズ	31
プロセスチーズ	31
マーガリン	31
バター	30
鶏卵	30
牛乳	25
プレーンヨーグルト	25

菓子類

キャンディー	108
どら焼	95
チョコレート	91
せんべい	89
大福	88
キャラメル	86
ドーナツ	86
かりんとう	84
ケーキ(生クリーム)	82
ケーキ(チョコレート)	80
だんご(あんこ)	80
だんご(みたらし)	79
クッキー	77
ケーキ(チーズ)	75
クラッカー	70
カステラ	69
アイスクリーム	65
ポテトチップス	60

※GI値＝ブドウ糖を100として、食品ごとの血糖値の上昇度合いを表した数値。
※脂肪の生成を抑えるには、GI値60以下の食品がおすすめ。
出典：㈱TNヘルスプロジェクト　永田孝行

食品別GI値リスト

肉類

牛レバー	49
豚レバー	48
牛ひき肉	46
牛モモ	46
牛ロース	46
鶏レバー	46
牛サーロイン	45
鶏ささみ	45
鶏ひき肉	45
鶏むね	45
鶏もも	45
豚バラ	45
豚ひき肉	45
豚もも	45
豚ロース	45

肉加工品類

焼き豚	51
ベーコン	49
サラミ	48
ソーセージ	46
生ハム	46
ロースハム	46

魚介類

うに	49
あんこう(肝)	47
塩さけ	47
あじの干物	45
あなご	45
いくら	45
かき	45
赤貝	44
しじみ	44
うなぎの蒲焼	43
はまぐり	43
しめさば	42
ほたて貝柱	42
あさり	40
あじ	40
あまえび	40
いか	40
いわし	40
うなぎの白焼	40
かつお	40
たらばがに	40
さば	40
さんま	40
ししゃも	40
しらす	40
たら	40
たらこ	40
生さけ	40
はまち	40
ひらめ	40
芝エビ	40
ほっけ	40
まぐろ(赤身)	40
まぐろ(とろ)	40

19

「血糖値を上げない食べ方」にガマンは必要ない。

68～71ページの表を見ると、「血糖値を急上昇させる高ＧＩ値食品」として代表的なものは、パンや白米、うどんやパスタなど我々が主食として食べているものばかりだ。この結果を見て、こう思った読者はいないだろうか？

「炭水化物を制限するダイエットと同じじゃないか……」

「結局、ガマンが必要なのか……」

しかし、それは誤解である。

たしかに、白米や小麦粉などは、血糖値を急上昇させるため、ダイエット中は避けるべき食品だ。しかし、次項で解説するが、炭水化物を多く含む食品のすべてが血糖値を急上昇させる食品かというと、必ずしもそうではない。つまり、ＧＩ値の低い炭水化物を食べればガマンは必要ないということだ。

ご飯やパンなど主食となる食品をガマンすればたしかに痩せられるが、そのストレスから挫折する人も多い。挫折してしまったら意味がない。そのあとには「リバウンド」が待っているだけだ。

そうならないためにも「ダイエット＝ガマン」という概念をいますぐ捨てていただきたい。

20

主食はやめずに置き換えろ。

炭水化物を含む食品は必ずしも血糖値を上げるわけではないとお話ししたが、これはどういうことなのだろうか。

たとえば、普段食べている白米に含まれる炭水化物は100gあたり37・1gだ。健康にいいとされる玄米も35・6gと、さほど差はない。炭水化物を制限して痩せようとする場合、どちらも避けたほうがいいと言える。

しかし、GI値を見てみると、白米が84なのに対し、玄米は56なのである。これは血糖値の上昇度合いが3分の2ということになる。いきなり、玄米にすることに抵抗があるようであれば、白米半分、玄米半分で炊いても効果はある。

また、小麦粉と全粒粉小麦を比較した場合、パンの材料となる強力粉の炭水化物は71・6g、全粒粉小麦は68・2gで、ほぼ変わらない（ともに100gあたり）。しかし、GI値を見ると強力粉55に対して、全粒粉小麦は45。さらに、パンに加工した場合、食パンのGI値は91なのに対し、全粒粉小麦でつくったパンは50。血糖値の上昇度合いは約半分なのだ。

スパゲッティも同じだ。

小麦粉を原料としているスパゲッティはGI値65、全粒粉小麦でつくられているス

この食品はこれに置き換えろ!

白米	玄米・雑穀米・発芽玄米
パン(小麦粉)	ライ麦パン・全粒粉パン・ふすまパン
パスタ	全粒粉パスタ
ラーメン・うどん	そば
じゃがいも	さつまいも
ビーフカレー	タイカレー
ポテトサラダ・マカロニサラダ	豚しゃぶサラダ・海藻サラダ
コロッケ	げそ揚げ・きすの天ぷら
肉じゃが	ぶり大根

パゲッティのGI値は50。

このように、食品ごとのGI値の違いを知り、低GI値の食品に置き換えていけば、必ずしも食事から炭水化物を抜くといった「ガマン」は必要ないのだ。

21

食物繊維を最初に食べるだけで脂肪はよりつきにくくなる。

食物繊維を多く含む食材

野菜
ほうれんそう・ごぼう
エシャロット・オクラ
モロヘイヤ など

大豆
おから・納豆・煮豆 など

キノコ類
えのき・きくらげ・しめじ など

海藻類
ひじき・のり・もずく など

ここまで、ＧＩ値の高い食品を、低ＧＩ値食品に置き換えることで、ガマンすることなく痩せられるとお伝えした。この効果をさらに増幅させることのできる食品がある。それは、食物繊維を多く含む食べ物だ。

じつは、食物繊維には胃に壁をつくって、その後食べた食事による血糖値の上昇を抑えてくれる効果があるのだ。さらに、これらの食品は、前述したように内臓のぜん動運動を活性化し基礎代謝を上げる効能もある。

食物繊維が豊富に含まれているのは、野菜、キノコ類、海藻類、こんにゃくなど。これらを食事の最初に食べることで、ダイエットの効果をより高めることができるのだ。

22

最初にみそ汁を飲みほすだけで、満腹感がはやく訪れる。

普段の食事を思い返していただきたい。とくに何も考えず、左手に茶碗を持ちながら、目の前のおかずをつついているはずだ。

じつは、メニューはそのままに、食べる順番を変えるだけで満腹感がはやく訪れるようになる。結果的に食べる量が減り、腹が凹みやすくなるのだ。

食物繊維を食事のはじめに摂ると、その後食べたものによる血糖値の上昇を抑えられるとお伝えしたが、食事のいちばん最初は、みそ汁やスープなどを飲んでいただきたい。

汁物は野菜や海藻を使うことが多く、食物繊維がたくさん含まれている。さらに、あたたかいみそ汁やスープには満腹感を刺激して、その後の食事をゆっくり食べられるようにする効果がある。その後、後述する副菜を食べてから、メインのおかずとご飯を食べる。その結果、ご飯の量を自然に減らすことができるのだ。

「ウソだ」と思った読者は、騙されたと思って、ためしに2、3日挑戦していただきたい。きっと効果を実感できるはずだ。

最初は少し戸惑うと思うが、食べるものに制限はないので、慣れてしまえばとくに苦痛はないはずだ。コース料理だと思えばいいのだ。

23

夕食のおかずは減らすな。1品増やせ。

食事の最初に食物繊維を摂るといいとお伝えした。こう聞くと、「ほかのおかずを減らさなければならないのではないか」と考える人もいると思うが、その必要はない。通常の食事に食物繊維を含む料理をプラスするということだ。また、内臓のぜん動運動を活発にするキムチなどの発酵食品をさらに追加することもおすすめだ。

このような食品を最初に食べることとの最大の目的は、ご飯の量を減らすことだ。たんにご飯を減らすだけでは、満腹感・満足感を損なってしまい、しだいにストレスがたまり、最終的には挫折する。「副菜を増やす」ことでそれを防ぐことができるのだ。

料理が得意な読者や、結婚していて、妻が毎日夕食を準備してくれている幸せな読者は、ぜひ奥さんの協力を得て実践していただきたい。

野菜サラダ、きんぴらごぼう、ほうれんそうのおひたし、こんにゃくの煮物、キノコのホイル焼き、ワカメの酢の物……、普段の食事にプラスして、このような副菜をつくってもらうのだ。そんなことはないと思うが、もしイヤな顔をされたら、キムチやもずく酢、漬物など、買ってきてそのまま出すだけの食品でもまったく問題ない。最悪自分で買って帰ればいいのだ。

夕食に加えたい副菜

納豆	ちりめんじゃこ
キムチ	スモークサーモン
きんぴらごぼう	ローストビーフ
もずく酢	豚しゃぶサラダ
豆ひじき	のりの佃煮
煮豆	こんぶの佃煮
かぼちゃ煮	メンマ
たけのこ土佐煮	ザーサイ
しらす大根	漬物
ほうれんそうのおひたし	おから

独身の読者もあきらめることはない。

最近では、弁当屋やスーパーでも惣菜コーナーが充実しているし、コンビニでも「おから和え」「煮豆」「ひじきの煮物」など、以前は、家庭でしか味わえなかった惣菜も販売されている。

さらに冷凍食品でも、こうした料理がラインナップされているので、冷凍庫に常備しておけば、夕食時に2品くらい追加することは簡単にできる。

こうしたものを活用すれば、ご飯を減らしても十分に満足できる充実した夕食を摂ることができる。

次にスーパーやコンビニにいったとき、よく観察してみてほしい。料理ができなくても、結婚していなくても、副菜を充実させることはできるということがおわかりいただけるはずだ。

24

夜のご飯をふた口減らせば月2kgは痩せる。

ところで、夕食時のご飯は、どれくらい減らせばいいのだろうか。

じつは、それほど減らす必要はない。ふた口で十分だ。炊飯ジャーから茶碗にご飯をよそったあと、箸でふた口ぶんを戻せばいいだけ。白米を玄米に置き換えればさらに効果的だ。そのぶん副菜を増やしておけば、満足できないということはないはずだ。

私が以前ダイエット指導を行った、体重70kg台の男性は、この方法だけで、1カ月あたり2kgの体重を減らすことに成功した。もちろん個人差はあるが、非常に有効な手段であることに間違いはない。

どうしても満足できないという人は、減らしたぶんを納豆で補うことをおすすめする。もし、ご飯をふた口減らすことに成功できれば、次は3口と、徐々に減らしていっていただきたい。その際、満足できなければ、副菜を1品増やしてもかまわない。

炭水化物は「活動するためのエネルギー源」である。運動したり思考したりするときに必要なのだ。寝る前に摂り過ぎると、脂肪として蓄積されてしまう。

夕食時は副菜を増やし、満足感を落とすことなく、炭水化物の量だけを落としたいものである。

25

酒では太らない。
接待漬けでも痩せられる。

ここまで読んで「飲み会が多く、毎日家で夕食を食べられないから俺にはムリだ」と感じた読者もいることだろう。

取引先の接待、上司・先輩からの誘い、部署の懇親会、忘年会に新年会……。

ビジネスと酒とは、切っても切れない関係にある。

ベルトの上の脂肪を見下ろしながら、「こんなに飲んでいれば、太るよな……」とあきらめている人もいるだろう。

しかし、「酒を飲むと太る」というのは思い込みでしかない。

アルコール（１００％）のカロリーは、１gあたり、７・１kcalだ。つまり、１００ccの純アルコールを飲むと（実際には飲めないが）、７１０kcalを摂取したことになるということ。

一見とても高カロリーだと感じることだろう。

しかしアルコールから摂取するカロリーは、身体に吸収されるとすぐに「酔い」というかたちで体温の上昇などに使われるため、脂肪として蓄積されることはほとんどない。

ビールなどの醸造酒が太りやすいと言われているのは、こうしたアルコールによるカロリー以外に、原料となる穀物など（ビールなら麦、ワインならぶどう、日本酒なら米）に含まれるカロリーが高いからである。

これに対し「ウィスキーや焼酎、ウォッカ」などの蒸留酒は太りにくいと言われている。これは、原料となる穀物のカロリーが蒸留することによって落とされているため脂肪がつきにくいとされているからだ。

たしかにこれは事実であり、「ビール・ワイン・日本酒」などの醸造酒と、「ウィスキー・焼酎・ウォッカ」などの蒸留酒を比較すると、蒸留酒のほうが「どちらかと言えば」太りにくいと言える。しかしこの、「どちらかと言えば」という点に注目してほしい。

酒の熱量の大半はアルコール由来だ。

たとえば、ビール500ccは約210kcalなのだが、アルコール分5％とすると、25cc×7・1kcal＝約177kcalがアルコールによるカロリーであり、これは脂肪として蓄積されない。

残ったのはたった33kcalなのである。だから「ビールは太りやすい」と考えて最初からビールを避けなければならない、と神経質に考える必要はない。

最初の1〜2杯程度はビールやワイン、日本酒などの醸造酒を飲んでも実際には大差ないのである。しかも、ビールのGI値は34。けっして高い数値ではない。

ではなぜ我々には、「ビールは太る」という都市伝説のような社会通念が刷り込まれてしまったのか？

これは「酒とつまみ」の関係にある。ビールに合うつまみと言われて頭に浮かぶのは脂っこいものが多い。唐揚げ、フライドポテト、ソーセージなど、高カロリー食品ばかりである。

これこそがビール好きを太らせている最大の原因なのである。

26

「つまみ」を制する者は
ダイエットを制す。

前述のとおり、酒だけを飲んでもそれほど太ることはない。

飲み会で蓄積する脂肪は、酒ではなく、圧倒的につまみからのほうが多いからだ。だから、太るのを心配して好きな酒をガマンしても、血糖値が上がるようなつまみの食べ方をしてしまったり、カロリーの高いものを大量に食べてしまってはなんの意味もない。


さらに、アルコールを摂取すると、肝臓がアルコールを分解し無毒化する仕事に追われ、本来の機能であるエネルギーの蓄積ができなくなってしまう。つまり、酒を飲みながら食べたものは、脂肪として蓄積されやすくなってしまうということだ。

「なんだ、やっぱり飲み会は太るんじゃないか！」と思った人は安心してほしい。

じつは居酒屋でも「食べる順番を変える」方法を使って、血糖値の上がり方を緩やかにしたり、高GI値、高カロリー食品の摂取量をムリせず抑えることができるのだ。

繰り返すが、我々は「酒」ではなく「つまみ」で太っている。目を向けるべきは「酒」ではなく「つまみ」なのだ。「つまみ」を制すれば、飲み会で太ることはなくなるどころか、腹を凹ませることができるのだ。

27

オーダーの順番を変えるだけで居酒屋は健康食レストランに変わる。

居酒屋のメニューをあらためて見てほしい。和洋中華にイタリアン、エスニックまで、世界を見渡しても、これほど多彩な料理を揃えている飲食店はほとんどないのではないだろうか。

これだけ多彩な料理を一度の食事で食べることができるのは、我々日本人だけだと言っても過言ではない。

もちろん、なかには、太りやすいメニューも多数存在するが、一方で野菜や魚などを中心としたヘルシーな料理も通常のレストランより数倍多く存在するのである。じつは「居酒屋はダイエット食の宝庫」なのだ。これらのメニューをうまく取り入れ、食べる順番を組み立てていけば、飲み会が続いても太らないようになる。

では、その順番はどう組み立てていけばいいのか。そのポイントは次の4つだ。

1. 空腹で飲み会に臨まない
2. 最初のオーダーは食物繊維の多いメニューを選ぶ
3. 第2次オーダーは基礎代謝を高める肉、魚を食べる
4. 揚げ物、ご飯ものはラストオーダーで

28

会社を出た瞬間に飲み会ははじまっている。コンビニでウコンと一緒にチーズを買って小腹を満たせ！

あなたは「飲み会でたくさん食べるから」と、昼食を少なめにしたりして、空腹状態で飲み会に臨んでいないだろうか？

ふつうに考えれば「夜にたくさん飲んで食べることがわかっているなら、昼間食べるのをガマンして、そのぶんのカロリーを相殺しよう」となるが、それは大きな間違いだ。

空腹状態で飲み会に臨んでしまうと、空腹に耐えきれずに、最初から「高ＧＩ値」かつ「高カロリー」食品である、フライドポテト、ご飯もの、ピザなどを頼んでしまいがちだからだ。

もちろん、これらのメニューを食べるな、と言っているわけではない。繰り返しになるが、腹を凹ませるためには「食べる順番」が重要なのだ。

93ページで少し触れたが、酒を飲みはじめると、肝臓がアルコールを中和する仕事に追われて、本来行うべき食事で摂取したエネルギーの一時保管をやめてしまう。このため、つまみで摂取したエネルギーの多くは、脂肪細胞に直接貯蔵されるため、酒を飲んでから食べたものは脂肪になりやすい。

そうならないためには、「酒を飲む前に軽く食べて小腹を満たしてあげること」が有効だ。

ではいつ、何を食べればいいのか？

近年、飲み会の前に悪酔い対策としてコンビニや薬局に寄ってウコン入りのドリンクを飲んでから飲み会に臨む習慣が広く普及してきている。

じつは、このタイミングでぜひ食べていただきたいものがある。

それは「チーズ」である。

チーズは、腹持ちがよく、空腹感もやわらぎやすい。さらに、胃壁に脂肪の膜をつくるため悪酔いしにくくなる。

そのうえ、その後食べたものの吸収も穏やかになるため、血糖値の上昇度合いも穏やかになるのである。

ぜひ、飲み会の前にコンビニでウコンと一緒にチーズも購入して食べる習慣をつけることをおすすめする。

チーズ以外では、ドライフルーツなどでもいい。ドライフルーツは食物繊維が豊富なので血糖値の上昇を抑えてくれ空腹感を満たしやすい。

また最近は、大豆を原料とした栄養補助食品などもコンビニでよく売っているので

飲み会の前に食べておきたい食品

チーズ	ヨーグルト
ドライフルーツ	ゆで卵
大豆バー	おでん（こんにゃく・大根・卵など）
ナッツ（ノンフライ）	干しいも

こうしたものを食べてもいい。

上の表に示したのは、飲み会の前にぜひ食べていただきたいおすすめの食品だ。

これらの食品を飲み会の前に少し食べるだけで、ダイエットの結果は大きく変わるのである。

29

居酒屋の定番「ビールと枝豆」。これこそが痩せる最大のポイント！

居酒屋に入ったらほとんどの人が「とりあえずビール！」という言葉を発するはずだ。そのときに、つけ加えてほしいものがある。それは「枝豆」だ。

枝豆には、完熟した大豆にはあまり含まれない「メチオニン」が多く含まれている。メチオニンは、アルコールの分解を促進し、悪酔い・二日酔いを防ぐ効果がある。

また、食物繊維も多く含まれており、血糖値の上昇を抑えてくれる。

さらに、枝豆は「さや」に包まれているため、食べる速度が自然と遅くなる。ゆっくり食べると、さらに血糖値の上昇が穏やかになり、より脂肪がつきにくくなるのだ。「食べる速度が遅くなる」ことの効果はもうひとつある。人間が「満腹感」を覚えるのは、食べた10～20分後とされている。つまり、たくさん食べても、早食いをすると満腹感を得るまでに時間がかかるのだ。逆に、この10～20分の間に食べる量をできるだけ減らせば、食べる総量を減らすことができる。

このように、枝豆には痩せるための効能がたくさん詰まっている。しかも、ビールによく合うので、ダイエットのためにムリをしている感覚はいっさいない。

飲み会のときは「とりあえずビール！」のあとに「一緒に枝豆も！」と言うクセをつけていただきたい。

30

「とりあえずメニュー」は必ず食べる。

飲み会の最初に食べるつまみとして「枝豆」を挙げた。しかし、これだけでは味気ない。飲み会を楽しむためにも、やはりバリエーションは必要である。

そこで注目したいのが「とりあえずメニュー」。これを最大限に活用することこそが飲み会で痩せる最大のポイントだ。

「とりあえずメニュー」には枝豆のほか、生キャベツやたこわさ、冷奴、キムチ、冷やしトマトなど、野菜や大豆を使った、食物繊維が多く含まれ、低GI値かつ低カロリーなメニューが豊富にある。

しかも、出てくるのがはやいし価格も安い。

「とりあえずメニュー」のなかでも太りにくいメニューの例を紹介しよう。

野菜・海藻・キノコ類は食物繊維も豊富で、ビタミンやミネラルもたくさん摂取できる。前述のように食物繊維は血糖値の上昇を抑え、あとから食べたものの血糖値の上昇も抑えてくれるため太りにくくなるのである。

「しめさば」は、抗酸化作用の高いビタミンEやコレステロールを分解してくれる不飽和脂肪酸を多く含む青魚である「さば」を、血糖値を上げにくくする「酢」で締めたものである。

必ず注文したい「とりあえずメニュー」

野菜類	海藻類	キノコ類	魚介類	その他
冷やしトマト	海藻サラダ	キノコのホイル蒸し	まぐろ納豆	冷奴
オニオンスライス	めかぶとろろ納豆	キノコサラダ	海鮮サラダ	チャンジャ
生キャベツ	もずく酢		しめさば	キムチ
枝豆			たこわさ	

さらに、しめさばはダイエットだけでなく、健康にもいい。普段の食生活ではなかなか食べる機会はないが、居酒屋ならば手軽に食べられる。苦手でなければぜひ食べていただきたい。

「キムチ、チャンジャ、納豆」などの発酵食品は、アミノ酸などが豊富で身体の代謝を高め、脂肪をつきにくくする。また、キムチやチャンジャは、唐辛子に含まれる「カプサイシン」によって、食べたものをすぐに燃焼させる「食事代謝」を高める働きが強い。

こうした「とりあえずメニュー」を活用することで簡単に「太らない食べ方」が実践できるのである。

また、飲みはじめの段階であれば、酔いがまわっていないので、理性も働く。「どんなものを食べたほうがいいか？」を考え、オーダーをコントロールすることもできるのだ。

ぜひ、酔っぱらう前に、血糖値を上げにくいメニューを注文し、食べる習慣をつけていただきたい。

31

メインメニューで痩せる肉を腹いっぱい食べる。

さて、最初に「とりあえずメニュー」を数品頼み、最初の一杯をすませたあとは、いよいよメインメニューをオーダーする。

このときに心がけることは「たんぱく質の豊富な肉」を選ぶことである。

ただし、肉ならなんでも食べていいというわけではない。肉は、部位によって太りやすい部分と太りにくい部分があるからだ。

肉のなかでは、「赤身」の部分がたんぱく質も豊富でカロリーも低い。このため「ヒレ、モモ」などは積極的に食べたい。逆に、「サーロイン」や「バラ」、焼肉で人気の「カルビ」などは、脂肪分が多くカロリーが高いため、できるかぎり控えたい。もし食べたい場合は、赤身系の肉を食べたあとに少量食べることをおすすめする。

つまみの定番「焼き鳥」は、「ささみ」や「砂肝、ナンコツ、レバー」などは太りにくく、「皮、手羽」などは避けたほうがいい。

また、「ハツ、レバー、ミノ」などのホルモンは、低カロリーでたんぱく質を多く含み、さらに糖質（炭水化物）の分解を促進するビタミンBなども多いため「痩せる肉」と言える。ただし、ホルモンはプリン体を多く含むため、尿酸値が高く、痛風の傾向がある場合は食べると悪化するので注意が必要だ。

32

脂の乗った魚を食べても、あなたに脂はつかない。

肉だけではなく、刺身や焼き魚などの魚料理もぜひ食べていただきたい。普段魚をあまり食べないという人も多いと思うが、居酒屋には魚を使ったメニューが豊富にあり、気軽に食べられるので「魚を食べるチャンス！」と、積極的に注文してほしい。とくに焼き魚は、焼くことによって脂が落ちるため、太りにくい。さらに、「骨をとる」という作業が必要になるため、枝豆同様、自然と食べる速度が遅くなるので、食べ過ぎを防いでくれる。

また、刺身を食べる際は、一緒についてくる「つま」を必ず口に運んでいただきたい。「つま」とは刺身に盛りつけられている、大根の千切りと大葉（シソの葉）のことだ。

大根には「ジアスターゼ」という消化酵素が多く含まれ、炭水化物の分解を促進したり、胃腸の調子を整え胃もたれ、胃酸過多、二日酔い、胸やけを防ぐ効果も期待できる。加えてビタミンAやビタミンC、食物繊維も豊富。まさに痩せる食品としてうってつけなのだ。

大葉も、ビタミンAやビタミンCなどが豊富だ。さらに、豊かな香りで刺身の臭みを消し、食べたあとの満足感を高める効果もある。

33

揚げ物OK！ただし頼むタイミングはラストオーダーで。

揚げ物はカロリーが高いし、血糖値が上がりやすいものも多く、ダイエット中はできるだけ避けたいメニューである。だが、これを禁止してしまうと、せっかくの飲み会を楽しめないし、ダイエットが苦痛になってしまう。そうなってしまっては元も子もないので、ここではもっとも太りにくい食べ方をご紹介しよう。

ここまで何度もお伝えしてきたが、腹を凹ませるために大事なのは、最初に食物繊維を多く含むメニューを食べること。中盤には、高たんぱくで低カロリーの肉料理・魚料理を食べることである。どうしても揚げ物、炭水化物を食べたければ、最後にオーダーすることをおすすめする。

また、揚げ物は、酢やレモンをかけると血糖値の上昇が穏やかになって脂肪がつきにくくなる。から揚げなどに添えられているレモンは、必ず絞ってから食べていただきたい。

いわゆる「フライ」は、素材にＧＩ値の高い小麦粉、パン粉とふたつの衣を使用しているので、できるだけ、から揚げや天ぷら、素揚げなどを頼むようにしよう。

素揚げでも、フライドポテトは、材料であるじゃがいものＧＩ値が非常に高いため、避けることをおすすめする。

34

ビールからのウーロンハイ・ハイボールは腹を凹ませる大技。

あなたは、一度の飲み会で、ビールを何杯飲んでいるだろうか。

もし、覚えていないくらい飲んでいるなら、途中で焼酎やウィスキーなどの蒸留酒に切り替えることをおすすめする。

もちろん、ビールはいっさい飲んではいけないということではない。前述したとおり、ビールをはじめとする醸造酒と、ウィスキーなどの蒸留酒のカロリーの差は、世間で言われているほど大きくない。

ただ、それが5杯、6杯と積み重なってくると話が違ってくる。

そもそも、ビールばかりを5杯も飲む必要があるのか。もちろん、「本当にビールが大好き」という人もいるのだろうが、多くの人は「惰性」で頼んでいるのではないだろうか。

そのような人は「もうなんでもいいや」という瞬間が訪れたら、迷わず焼酎、ウィスキーなどの蒸留酒に切り替えよう。濃い酒が苦手ならハイボールやチューハイでもかまわない。とくにおすすめしたいのは「ウーロンハイ」だ。ウーロン茶に含まれる「ウーロン茶重合ポリフェノール」には、脂肪の吸収を抑制する効果があるため、さらに太りにくくなる。

35

なぜ、飲み会の帰りにラーメンを食べたくなるのか？

飲み会のあとになぜか食べたくなる「締めのラーメン」。たくさん食べたはずなのに、我々はなぜラーメンを食べたくなってしまうのだろうか？

その答えは飲み会の性質にある。

飲み会では、酒を飲むことと食べること以上に、コミュニケーションという目的が大きい。

人間の脳は一度にひとつのことしか処理をすることができない。ところが飲み会では「酒を飲む」「食べる」「話す」を同時に行うため、とくに意識の集中が必要な「話すこと」に脳は重きを置く。

こうなると、いくら食べても食べた気がしなくなってしまう。食べた気がしないから脳が満足できずに、「もっと食べたい」という欲求が生まれるのである。

逆に言えば、「おいしいものを食べた」ということを、脳に刻み込めば満足感が得られ、身体が締めのラーメンを欲さなくなるということだ。

つまり、食べることに意識を向ければ、正常な満腹感を得ることができ、ラーメン屋に足を運ぶこともなくなるのだ。

36

締めのラーメンとの決別は、さっき食べたものを思い出すこと。たったそれだけ。

脳を満足させるには、食べることに意識を向けることが大切だとお話しした。

たしかに、自分の「好きなもの」「美味しいもの」をじっくり味わって食べることは、満腹感を得るために非常に有効な方法だ。

しかし、「飲み会は話すことのほうが大切だから、そんなことできない」という読者も多いだろう。これもたしかに正論。飲み会の席でコミュニケーションをとらなかったら、参加する意味はない。

ではどうすればいいのか？　私はこんな方法を提案する。

それは飲み会の帰り道に「締めに何か食べたいな」と思ったら「自宅の最寄り駅で食べよう」と自分に言い聞かせ、とりあえず電車に乗ってしまう。そして、その車中で「飲み会中に何を食べたか」をじっくり思い出してみるのだ。

「あぁ、あれが美味しかったなあ」と食べたときの情景や匂い、味、食感などを思い出すと「締めのラーメンを食べたい」という思いもスーッと引いていく。あとからでも、食べたものを思い出すことで脳を満足させることができる。

たったこれだけのことで、締めのラーメンと決別できるようになるのだ。

37

ランニングで膝を痛める。
ムリなストレッチで靭帯《じんたい》損傷。
オヤジは急に運動すると
ケガをする。

いくらダイエットのためだとはいえ、ベルトの上に脂肪を蓄え、歩くだけで汗だくになっている中年男性が「痩せるためには運動しなければ！」といきなりランニングをはじめるのは、ハッキリ言って自殺行為である。

膝を痛める程度ならまだいい。下手をすると心臓麻痺などの発作を突然発症して倒れ、そのまま絶命する危険すらある。太ったタレントがいきなりフルマラソンに出場し、命を落としかけた事件を覚えている人も多いだろう。

ならば「ストレッチ」はどうか？

これも危険な落とし穴がある。普段運動しない人は、総じて身体が硬くなっている。ムリして身体を曲げて自己流のストレッチなどしようものなら、靭帯損傷などの大ケガをする可能性がある。

体重が重すぎると筋肉にも過度の負担がかかってしまい、身体を支えきれなくなる。そんな状態でいきなり運動するのは本当に危険だ。

痩せるためにと、いきなり激しい運動をすると、健康になるどころか、整形外科に通うはめになる。急に激しい運動をすることだけは絶対に避けていただきたい。

38

ダイエットに焦りは禁物！
まず、運動できる身体をつくる。

とくに、１００kgを超えているような人は、ウォーキングでさえ膝に負担がかかり危険な場合がある。こうした人は、まず食事の改善によって身体に負担のかからないレベルまで体重を落としてから運動をはじめるべきである。

本来なら、スポーツトレーナーや健康運動指導士などプロの意見を聞き、自分の身体の状態に合った運動をしながら、食事や生活習慣の改善などを行い、徐々に「運動できる身体」をつくっていくべきなのだが、これにはお金も時間もかかる。

自分で行う場合には、これから紹介するような、軽い運動からはじめていただきたい。運動して身体に違和感を覚えたら、負荷を軽くするなど、自分の身体の状態を冷静に観察しながら運動負荷を調整していくことも必要だ。

ダイエットに焦りは禁物だ。

繰り返しになるが「はやく痩せよう」とムリして運動することだけは絶対にしてはならない、ということを覚えておこう。

39

運動は
痩せるためにするのではなく、
痩せやすい身体を
つくるためにする。

ダイエットのための運動と聞くと、ウォーキングやランニング、水泳などを思い浮かべる人が多いだろう。しかし、これらの有酸素運動はなかなか続かないうえに、ダイエットという観点から見ると効率が悪い。

世の中のダイエット法は、女性に向けたものが圧倒的に多い。男性がこれを実践しても、効果が低い場合がある。

前述したとおり、男性と女性では身体の特徴が異なる。男には男のダイエット法があるのだ。

有酸素運動の目的は「脂肪の燃焼」である。これは、筋肉量が少なく、男性に比べて基礎代謝の低い女性には効果的だが、筋肉量の多い男性の場合、有酸素運動でカロリーを消費するのではなく、筋トレによって基礎代謝を活性化させ、自然に消費されるエネルギーを増やしたほうが効率的なのだ。つまり、痩せる身体をつくるために筋トレをするということ。

男性は、痩せるために運動するのではなく、痩せる身体をつくるために運動するということを覚えておいていただきたい。

40

あなたはもう運動している！

筋トレをするといっても、急にジムに通ったり、腕立て伏せや腹筋をする必要はない。ケガのリスクもあるし、そんな時間をつくれるようなら、仕事や趣味、家族サービスに使ったほうが人生が充実する。

もちろん、ジム通いを否定するつもりはない。効率的に痩せられるし、トレーナーがつくのでケガのリスクも少ない。ただ、少しでも「やらされ感」があるようなら間違いなく挫折するのでやめておいたほうがいい。好きでもない運動をあえてやる必要はないのだ。

ここで、自分の毎日を少し振り返ってみてほしい。

朝起きて、通勤電車に揺られ会社にいく。ランチを食べに外出する。営業職の人なら、さらに外出も多いはずだ。接客業の人は座っているより立っている時間のほうが長いはず。このほかにも、コピー機まで歩く、トイレにいくなど、1日まったく動かないということはないはずだ。

そう、あなたはもう運動しているのだ。

この動きを少し工夫して、筋トレに変えればいいのだ。

41

あえての筋トレは続かない。
継続の秘訣は
日常の動きを筋トレに変え、
習慣化すること。

「運動する時間をつくる必要はない」とお伝えしたが、それには大きな理由がある。「運動のための時間」をつくってダイエットすると、残業などでその時間がとれないことが2、3回続いただけで、挫折してしまうからだ。そうならないために、あらかじめ手帳に筋トレの時間を書き込んでほかの予定を入れないようにするという方法もあるが、仕事をしていると、トラブルなどイレギュラーな案件が入ってしまうことはどうしても避けられない。人は「やろう」と決めたことができないと、モチベーションが下がって挫折してしまうものなのだ。

また、道具を使うような筋トレも続かない。道具を使うと、場所や時間が制限されてしまうからだ。きつい筋トレを何日かに一度やるより、日常の動きにほんの少し負荷をかけるような、軽い筋トレをできるだけ行い、習慣化したほうが継続できる。

生活の一部に筋トレを組み込み、習慣化するには、「歯磨きしながらスクワットをする」など、日常的に行っている行為と組み合わせることがおすすめだ。

最初のうちは、意識的に行う必要があるが、しばらくすると、何も考えなくても身体が動くようになる。そうなれば、モチベーションも不要になる。さらに、歯磨きのように「やらなければ気持ち悪い」と感じるようにすらなり、挫折と決別できるのだ。

42

カバンは携帯できるダンベルである。

カバンを使った筋トレ

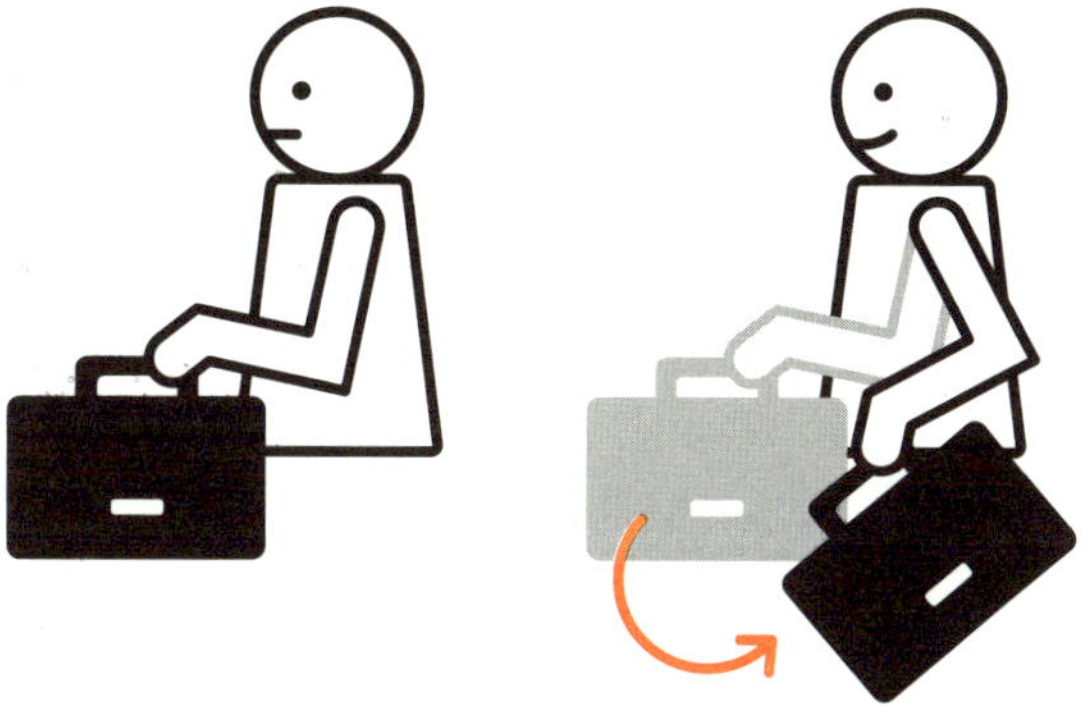

ほとんどの読者がカバンを持って通勤していることだろう。最近は、PCやタブレット端末などを持ち歩く人も増え、カバンが重たくなっている。これを筋トレに活かさない手はない。漫然と持っているだけのたんなる荷物が、見方を変えるだけで有効な筋トレツールになるのだ。

やり方は簡単。上図のように、ひじが直角になるようにカバンを持ち、ゆっくり小さく上下に動かすだけ。これを10～20回を1セットとし、1日数回行うだけで、上腕《じょうわん》二《に》頭筋《とうきん》を鍛えることができる。

カバンを使った筋トレを1年続けた結果

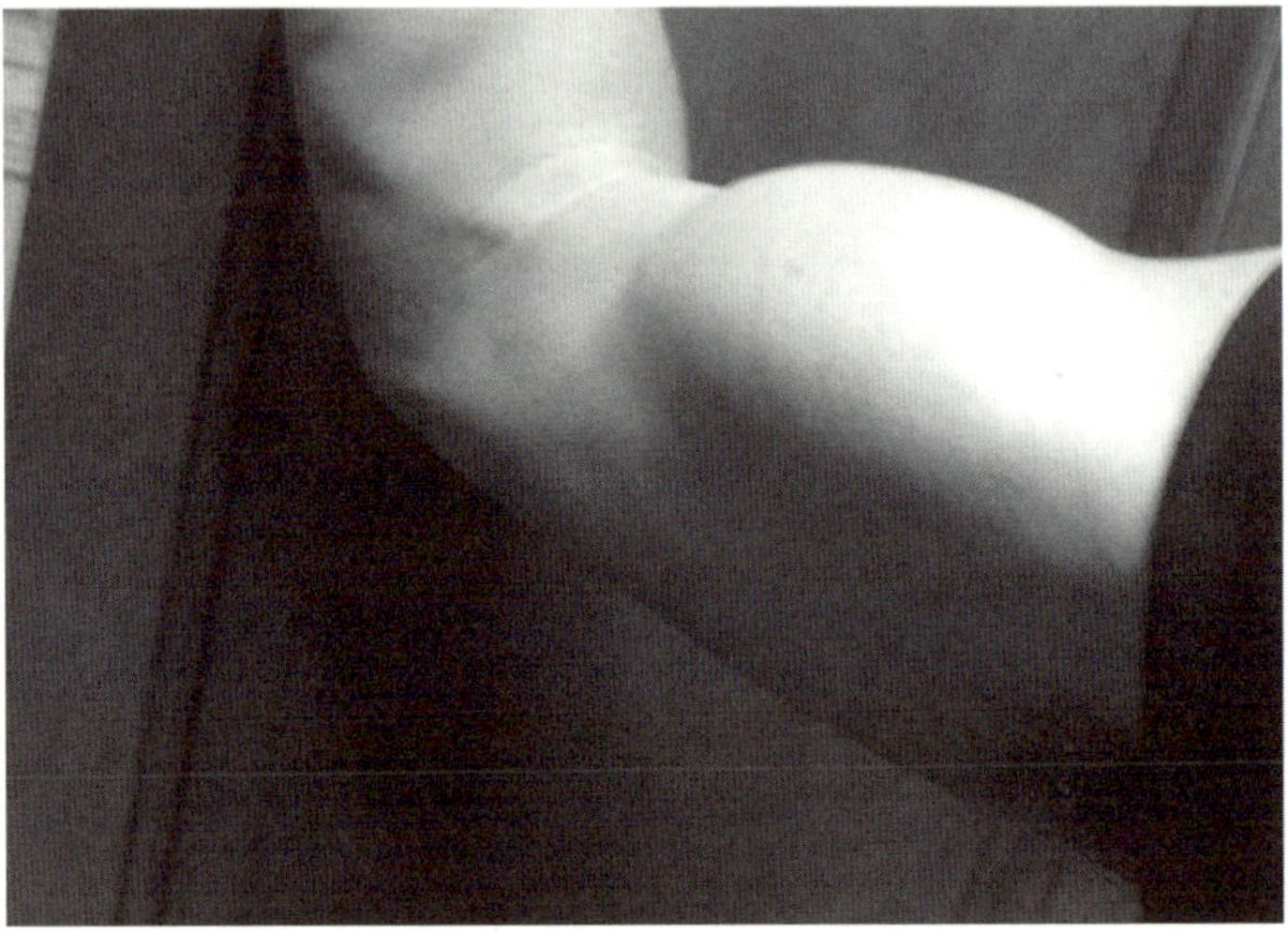

これなら通勤しながらでもできるし、仕事中の移動の際などでもできる。そして、ほとんど疲れないのに効果が高い。

さらに、この筋トレは、毎日行っている「通勤」「移動」という行為に組み込むため、とても習慣化しやすい。数週間続ければ、歩きはじめると自然と腕が動くようになる。まさに「やらないと気持ち悪い」状態になるのだ。

実際、私自身も通勤時に20回×2セット（行きと帰りで1セットずつ）を毎日行い、約1年続けたところ、プヨプヨだった二の腕が、右の写真のように変化した。

基礎代謝を上げ、腹を凹ませるためにはじめた筋トレだが、ついでにたくましい二の腕まで手に入ってしまったのだ。

ひとつ気をつけていただきたいのは、最初から張りきりすぎて、1日に何度も行ってしまうことだ。運動負荷が高くなりすぎて筋肉痛やひじ痛を起こす危険性があるため、最初のうちは「少し足りないかな？」と思う程度にしておこう。

負荷は徐々に上げていけばいいのだ。

また、当然だが、人によってカバンの重さが違う。「俺はいつもカバンが軽いから」といってわざわざ本などの重しを入れる必要はない。そのぶん回数を増やせばいい。逆に重い人は回数を減らしてかまわない。

はじめのうちは、腕を直角にしてカバンを持つことに多少違和感を覚えるかもしれないが、ほんの数センチ上下するだけで、動きが少ないのでさほど目立たない。そもそも、ラッシュ時にまわりの人の動きを気に留めるような人間は皆無だ。

人の目を気にせず、通勤時の筋トレを楽しもう。

43

通勤電車はスポーツジムである。

毎日乗る通勤電車。

とくに、朝の通勤ラッシュ時は、座ることなど夢のまた夢。つり革に身をゆだねているビジネスマンが大多数であろう。

この状況も、工夫しだいで筋トレに変えることができる。

つり革にぶら下がるように立つのではなく、軽く握る程度にし、下腹部に力を入れかかとを5ミリ〜1センチ程度浮かせ、つらいと感じるまで続けるのだ。

つま先立ちしているうえに電車も揺れているので、自然と下腹部に力が入り体幹が鍛えられる。体幹がよくなると、姿勢もよくなる。姿勢がよくなると代謝も上がるため筋トレとの相乗効果でさらに基礎代謝を上げることができる。

もちろん、つらいと感じたら、ムリをせずかかとを下ろして休んでかまわない。

たとえば、ひと駅ぶんかかとを浮かせたら、次のひと駅ぶんは休む、といった具合に行うといい。

44

席を立つ回数＝スクワットの回数。

あなたは、1日に何回席を立つだろうか？　出力した資料をコピー機までとりにいく。トイレにいく。上司や同僚、部下の席にいく。コーヒーを淹れに給湯室にいく。デスクワークが中心の人でも、ふつうに仕事をしていれば、1日に何回も立ったり座ったりを繰り返しているはずだ。

このとき、もし机に手をつかないで立ったり座ったりしたら……。それはまさにスクワットと同じ動きではないか。

スクワットを1日50回やり続けられる人は少ない。しかし、1時間に3回手を使わずに席を立ち、8時間働けば、24回スクワットをしたことになるのだ。

人間、だれしもラクをしたいと考えるものである。できるかぎり席を立ちたくないと思うのも当然のこと。

しかし、ためしに一度手を使わず席を立ってみてほしい。まったくつらくないはずだ。1週間くらい意識的に続けていけば手を使わずに立つことがあたり前になってくる。

また、回数を数えていれば、自然とやる気もわいてくることだろう。

45

こまめに動く男は、腹も凹むし信頼される。

席を立つ回数を増やすためには、上司や同僚、他部署の社員などへの連絡や相談なども、電話やメールを使うのではなく相手のところに足を運び、目を見て伝えるようにすることがおすすめだ。

また、事務などの女性社員や派遣社員がコピー用紙や郵送物など、重いものを運んでいる光景を見かけたら、すかさず駆けつける習慣を身につけていただきたい。

重いものを持ったり、頻繁に席を立てば1日中筋トレをしているようなものだ。

さらに、新入社員であろうとリーダーであろうと「こまめに動く人間」は間違いなく信頼される。ダイエットのためにやっているだけなのに、職場での好感度がグングン上昇する。こんな素晴らしいことをやらないのはもったいない。

だが、日本人の男性は「好感を持たれようとしてやっているように思われることがイヤだ」と考えてしまい行動できないことも多い。しかし、世の中にはこういうことを自然にできる人間もいる。そういう人の特徴は、「相手に見返りを求めていない」ということ。

「自分の腹を凹ませるために、重い荷物を持たせていただいている」と考えていれば、相手に「わざとらしさ」を感じさせず、さりげなく行動できるようになる。

46

極上ランチを求めて街を歩きまわれば、昼休みがスポーツに。

もしあなたが、外出の少ないデスクワーク中心の仕事をしていて、いつも会社近くの同じ店で昼食を摂っているのであれば、さらに腹を凹ませる余地がある。

そう、昼休みを使うのだ。

とくに女性社員は日々美味しいお店をリサーチし、多少遠い店でも積極的に遠征してランチタイムを充実させている。

これを見習って女性社員から美味しいレストラン情報を収集し、積極的に出歩けば、昼休みを「ウォーキングタイム」に変えることができる。

美味しいランチを食べられると考えればモチベーションもアップするし、普段あまり話をしない人とコミュニケーションをとる機会にもなる。

また女性社員には、ヘルシーなランチメニューの情報通も多い。ランチをヘルシーメニューに置き換えれば摂取カロリーを減らすこともできるし、毎日同じ店で同じメニューを食べるより摂取する栄養のバランスも飛躍的によくなる。

こうして運動と食事を両立させ、ダイエットを加速させれば、スリムで精悍なあなたはもうすぐそこだ。

47

小さなことの積み重ねでしか人は変われない。

「エレベーター、エスカレーターをやめ、階段を使おう！」

ダイエットをはじめた人のほとんどが、まずこう決意するはずだ。そして、大多数の人が数日後に挫折しているはずだ。

階段を使うことは、大腰筋《だいようきん》という大きな筋肉を鍛えることにつながる。時間や特別な技術もいらない。ビジネスマンにはもってこいの筋トレだ。

しかし、これを続けるのがなかなか難しい。続かない原因はふたつある。

ひとつは「効果がなかなか見えない」こと。駅の階段を1回昇っても身体は変化しないし、体重も減らない。要するに張り合いがないのだ。

コツコツ努力を重ね、仕事で成功することよりも、宝くじを当てて一夜にして大金持ちになりたいと願うのが人情である。しかし、宝くじに当たった人は、浪費体質になり、借金をつくって身を滅ぼす場合も多い。一瞬で大金持ちになっても、自分という人間が変わらなければそのお金は去っていき、元の自分に戻るだけだ。

ダイエットも同じ。短期間で急に痩せても、結局リバウンドするだけなのだ。

「成功を手にするには、小さな努力を少しずつ積み重ねながら自分を変えていくしか方法はない」と、つねに意識すれば、成果が出づらい筋トレも挫折しにくくなる。

48

習慣の壁を破る！
「駅の階段は、栄光への階段」
という思い込み。

もうひとつの挫折の原因は、習慣の問題だ。

じつは、階段を使わなければいけないのに、ついエレベーターに乗ってしまうのは「ラクだから」とか「疲れるから」ではない。原因は、何十年もかけてつくり上げてきた「習慣」である。これは、1日や2日で簡単に変えられるものではない。

しかし、階段を使うことを忘れて、一度でもエスカレーターを使ってしまうと、「俺はダメな人間だ」「こんなこともできないようではダイエットなどできない」と自分を責めて、モチベーションが下がり挫折してしまう。

人間は、習慣を変えることを極端に嫌う。最初はできなくて当然なのだ。何度忘れても「次はやろう」と心に決めることが重要なのである。

習慣を変えることは難しいが、逆に考えれば、一度習慣にしてしまえば何も意識しなくても続くようになるということだ。

駅の階段を昇ることが、輝く自分になるための「栄光への階段」だと心から思い込めば、モチベーションも飛躍的に高まる。最初のうちは、こうやって自分を励ましながら、少しずつ習慣化できるように努力していただきたい。

49

ダイエットの成功者は万歩計の威力を知っている。

ダイエットを継続するために、おすすめのツールがある。

それは「万歩計」だ。

スマートフォンやタブレットなど、新しい情報端末が続々と発売されているなかで、万歩計と聞くと、ずいぶん古臭く感じるが、万歩計の威力は本当にすごいのだ。

最近では、安いものであれば100円ショップでも手に入るが、できれば電器店で売っている「活動量計」を買っていただきたい。

活動量計は、万歩計の進化型のようなもので、歩数だけではなく、あらゆる運動の強弱を判断し、記録してくれる。万歩計では、ふつうに歩いても、階段を昇っても歩数が同じであれば、数値も同じだが、活動量計は負荷の強弱を判断できるため、階段を昇ったほうが、高い数値が記録されるのだ。

さらに身長や体重、体脂肪率、月間で減らしたい体重などの基本データを入力すれば、1日の目標消費カロリー量や日々の達成率も計算してくれる。

3000円程度のものでも、2週間分のデータを保存できるものもある。これならば毎日の活動量を比較できる。

上位機種であればパソコンやスマートフォンと連携し、毎日の記録を保存することができるうえ、蓄積したデータをグラフなどで表示でき、ひと目で分析できる。

さらに、ウォーキングとランニングを自動で判別したり、ウェブサイトにアップロードして友人と情報を共有し、競うことができるものまであるのだ。

さまざまな機能があるが、難しく考える必要はない。購入するときに重視してほしいのは、1日の活動量や消費カロリーの目標を自動で設定してくれる機能だ。

1日の目標が決まると、強力なモチベーションになるからだ。

外まわりの営業マンだけでなく、デスクワークを主体とするビジネスマンであっても、運動へのモチベーションを驚くほど高めることができる。

たとえば、帰り道に、「目標の消費カロリーまで、あと10％」などと表示されれば、多少迂回してでも歩く距離を稼ごうと考えるようになるし、駅で「エスカレーターに乗ることがもったいない」とまで思えるようになる。

運動のチャンスを少しでも手に入れることに、脳の回路が切り替わり、喜びを覚えるようになるのだ。

このような「考え方の転換」こそが、身体を動かす習慣を身につけるための最大の武器になる。

「少しでも運動しよう」「身体を動かすことが嬉しい」と考えられるかどうかが、ダイエットを継続できるかどうかの大きなわかれ道となる。

太らない運動習慣を身につけるためには、週末にジムなどでまとまった運動をするよりも、日常生活のなかで「こまめに歩く」「こまめに席を立つ」「階段を使う」など小さな運動を毎日、機会のあるたびに行うほうが効果的だ。

完全に習慣化してしまえば「運動している」という意識もなくなるため、挫折することもなくなる。

このように「活動量計」は、「挫折しない運動習慣」を身につけるために非常に有効なツールなのである。

ぜひ一度使ってみていただきたい。

50

最初は減らない。

とくに仕事をしている男性は、「なるべくはやく結果を求めたがる」ものである。これはダイエットでも同じ。ダイエットをはじめると、次の日には体重が減っていることを期待してしまうものなのである。

しかし、そのようなことは絶対に起きない。

ダイエットをはじめても、実際に体重が減りはじめるのは、はやくて数日後、遅ければ数週間から1カ月後だ。

人間には持って生まれた「現状維持の本能」（ホメオスタシス）が備わっている。

もっともわかりやすいのは「体温」だ。

人間は、気温が低くなると「寒い」と感じて、暖かい服を着たくなったり、暖かいものが食べたくなったりする。それでも足りない場合には身体を震わせて体温を上げようとする。

反対に暑くなれば服を脱ぎたくなったり、汗をかいたりして、体温を下げようとする。あたり前のように感じるかもしれないが、この本能が備わっているおかげで、我々は生きていけるのだ。

58ページで少し触れたが、この現状維持の本能は、体重の増減にも深くかかわっている。

ダイエットをはじめて、余分な栄養摂取が減ると、食べたものからより多くの栄養を吸収したり、「動くのが面倒だ」と身体に感じさせて運動量を減らし、消費するエネルギーを減らそうとする。これによって人間の身体は、それまでの体重を維持しようとするのである。

これは「現状維持の本能」が飢餓の危機を感じとり、身体に「飢餓回避モード」を発動させたために起こる反応である。

この本能のせいで、最初の何週間かは、頑張っているのに体重が減らないのだ。

しかし、この状態はずっと維持されるわけではない。

一定期間この状態が続くと、脳も現在の状態が通常の状態だと判断するようになり「飢餓回避モード」を解除する。そうなると、脂肪の燃焼が再開され体重も減りはじめる。

ダイエットの初期に気をつけていただきたいのは、体重が減らないからといって、「この程度では痩せられないのではないか？」と不安になり、極端な食事制限や、ヘビーな運動をしてしまうことだ。

このような、激しいダイエットを行ってしまうと、飢餓回避モードがより加速されてしまう。

「生きのびるために食べなくては」と、強い食欲を感じるようになり、結果的に食欲に負けて挫折してしまうのだ。

このような、残念な結果を招かない方法はひとつしかない。

それは、「最初は体重が減らないものだ」と理解して、慌てず、淡々と同じペースでダイエットを継続していくことだ。

とても単純なことだが、これがいちばん大切なのである。

51

「停滞期」は ダイエットにつきもの。 こう乗りきれ!

ダイエットを続けていると、ある日突然、まったく体重が減らなくなる「停滞期」と呼ばれる時期が訪れる。

これは、ほぼ例外なくだれでも体験することだ。この原因も、先ほど解説した「現状維持の本能」によるものだ。

このような停滞期は周期的に訪れる。個人差はあるが、おおよそ2週間から1カ月に一度くらいだ。そしてこの停滞期は、1週間から2週間くらい続く。

しかし、これも体重が減ったことに対する身体の防衛本能であり、淡々と続けていれば、やがて体重は再び減りはじめる。

停滞期がやってくると、多くの人が「いまのやり方ではこれ以上減らないのか」と勘違いし、挫折してしまうか、より過激な方法にエスカレートしてしまう。

これをやってしまうと、リバウンドにつながる。

身体のしくみをきちんと理解すれば慌てることはなくなる。

ダイエットを継続させるには、何が起きても慌てず騒がず、一定のペースを守り続けること。これにつきるのだ。

52

どうなりたいかを明確にした時点で、ダイエットは9割成功している。

ビジネスで成功を収めている人の多くが、具体的な目標を紙に書くことによって、潜在意識に働きかけ、実現しているということは、よく自己啓発書やビジネス書でも言われていることだが、これはダイエットにも大きな効果がある。

私自身も、ダイエットをしていたとき、自分の痩せていたころの写真を壁に貼っていた。さらに「同僚から『カッコよくなりましたね！ 見違えました！』と言われる」「プールサイドを水着で歩いているときに『あの人おじさんだけど、ちょっとカッコいいよね』と言われる」という目標を手帳に書いたりした。バカバカしいことに思えるが、これが、25kgのダイエットを成功に導く大きな原動力となったのだ。

また、ダイエットに成功したら何がしたいか、どんな服を着たいか、どんなところにいきたいか、など具体的な目標を決め、目につくところに貼り出すのもいいだろう。

ダイエットを続けていると、飲み会や旅行などで食べ過ぎたり、繁忙期に残業が続き、生活が不規則になったりと、「障害」が必ずのしかかってくる。

日常のなかで起きる小さな出来事にとらわれ、振りまわされてしまうのは人間の習性であり、脳のクセだ。しかし、それによってダイエットをやめてしまっては、じつにもったいない。

じつは、「ダイエットがつらくてつらくて続かない」と思ってやめてしまうケースは非常にまれなのだ。ほとんどの場合は、こうした「小さな挫折」が何度も起きたときに、自らを責め、ダイエットをあきらめてしまうのである。

ダイエットで挫折するのは「意志が弱いからではなく、理由づけが弱いから」なのだ。

「自分がダイエットする理由」が明確になっていれば、おのずとモチベーションや意欲がわいてくる。「やる気が出ない」というのは、「自分にダイエットが必要な理由」が見えていないか、忘れかけているからである。

「モチベーションが下がった」

「ダイエットを継続する意欲がわかない」

こんな悩みが出てきたら、一度原点に立ち返り、

「そもそも、なぜ自分は痩せなければならないのか？」

「どんなメリットを享受したくてダイエットをするのか？」

と、「自分にダイエットが必要な理由」をもう一度見つめ直してみることがとても重要だ。それを思い出せたら、次に「ダイエットによって自分はどうなりたいのか？」ということを具体的にイメージする。

「目に見える目標」を設定することは「小さな挫折」を防ぐために大きな意味があるのだ。

「自分は痩せてどうなりたいのか？」「自分はなぜダイエットをする必要があるのか？」を目に見えるかたちにして、毎日確認するようにすれば、モチベーションを維持する強力なツールになる。

これができればダイエットは9割成功したようなものなのである。

53

「完璧主義」は、仕事にもダイエットにもいい影響を及ぼさない。

私たち日本人は、多かれ少なかれ「完璧にやらなければならない」という思い込みを持っている。「自分はいい加減な人間だからそんなことはない」という人も、心の奥底では、完璧を求めていることが多い。

あなたが思っているよりも、「完璧主義」はあなたの心のなかに、深く深く根を張っているのだ。

その証拠に、セミナーなどで「歯磨きしながらスクワットすれば筋トレが続く」と言うと、「1日に何回やればいいのか」「膝は何度に曲げればいいのか」などと質問攻めに遭う。

じつのところ、回数など何回でもいいし、疲れたら休めばいい。曲げる角度も「ちょっとつらい」という程度の負荷で十分なのだが、我々は「○回やりなさい」「膝は△度に曲げなければならない」という具体的な数字を聞かないと安心できない。

しかし、数字に固執してしまうと、その数字が達成できなかったときに、自分を責め、自己嫌悪に陥り挫折してしまう。

「完璧主義」こそ、ダイエットの継続を阻む、最大の敵なのだ。

24時間365日、仕事をし続けられるビジネスマンはいない。

忙しく働いたあとは、ゆっくり休日を楽しんでリフレッシュする。そして、再び元気を取り戻し、仕事をはじめる。これに異論を唱える人はいないはずだ。

ダイエットもまったく同じ。毎日続けるなんてそもそもムリなのだ。

やる気が起きないときは、休めばいい。食べたいものがあれば、カロリーが高くても食べにいけばいいし、疲れがたまっていれば、何もせず、ダラダラした休日を過ごせばいい。休日を楽しんだら、再びダイエット生活に戻り、日々淡々と続けていくことが大切なのだ。

人間の身体は機械ではない。

とくに、理由がなくても体調が悪いときもあるし、なぜかモチベーションが落ちるときもある。これはだれにでも起こるしかたのないことだ。それを責めてしまうと、気づかぬうちに自分を追い込んでしまい、事態を余計に悪化させてしまう。

何度も言っていることであるが、ダイエットでもっとも重視すべきことは「続けること」である。

たとえ何度失敗しようとも、効率が悪かろうとも、やめさえしなければ必ず成功する。そのことを絶対に忘れてはならない。

人間は負けたら終わりなのではない。
やめたら終わりなのだ

――リチャード・M・ニクソン

おわりに

本書の最後にぜひお伝えしたいことがある。

それは、ダイエットは「イベント」ではなく「生活習慣」だと考えていただきたいということである。


本書で紹介したダイエットのノウハウも、一度や二度行ったただけでは、ほとんど効果はない。「生活習慣」として身につけることによって、はじめて目に見える効果が現れるのだ。

この「ダイエットを習慣にする」ということがいちばん難しい。

これを可能にする方法は、「腹を凹ませることで自分は何を手に入れたいのか」ということを明確にすることだ。

本編でも書いたが、私自身もこれを手帳に書いたり、壁に貼ったりしたことが25kg

のダイエットを成功させる大きな原動力となった。


そしてもうひとつ「できない自分を許す」ということも大切だ。

ダイエットは続かなくてあたり前。小さな挫折は頻繁に訪れる。

そのときに、自分を責めるのではなく「また明日から頑張ればいい」と考えることが大切なのだ。

ダイエットは1日、2日では成果が出ない。逆に言えば、それくらい休んでも体重が元に戻ることはない。

私がこのことに気づいたのは、こんな出来事があったからだ。


ある日、私は飲み会で、酔いにまかせて食べ過ぎてしまった。食欲は二次会でも衰えず、同様に食べ続けた。

そして飲み会が終わったあとの帰り道、電車に乗る前にふと立ち食いそば屋が目に留まり「山菜そば」を食べた。

電車を降りると今度は駅前のドーナツ店が目に入り、ドーナツ2個とコーヒーを平らげ、その後も「甘いものが食べたい」という欲求が収まらず、コンビニに寄って菓子パンを2個食べてから家路に就いた。

当然だが、翌日体重は3kg増えていた。

それまでの私だったらそこで挫折していただろう。体重を2kg落とすのに2カ月もかかっていた時期だったからだ。

しかし、私は自分を許し、焦ることなくいままでやってきたことを続けた。すると、数日後に元の体重に戻ったのだ。

この経験から、私はダイエットを小さな挫折であきらめてしまうのはもったいない、何度失敗してもやめさえしなければ結果はついてくる、ということを悟った。

そして、「できない自分を許す」ということがいかに大切なのかということを思い知った。

何か大きなことを成し遂げた人物はみな、失敗を糧に成功をつかんでいる。

ダイエットもビジネスも同じ。あきらめなければ必ず成功するのだ。

何度もお伝えしたが、腹を凹ませれば確実に人生は変わる。
腹の凹んだあとの世界を、あなたにもぜひ見ていただきたい。

著者

謝辞

本書の企画立案から編集まで全面的にお世話になった、かんき出版の重村啓太さんに厚く御礼申し上げます。

また、日本ダイエット健康協会の古谷暢基代表理事、永田孝行理事、国際メンタルセラピスト協会の宮島賢也専務理事、そして執筆を陰で支えてくれた妻に多大なる感謝を捧げます。

最後に、本書を読んでいただいたあなたに、心より感謝を申し上げるとともに、ダイエットと人生の成功をお祈りいたします。

小林一行

【参考文献】

『ダイエット検定2級テキスト』日本ダイエット健康協会編・著／日本ダイエット健康協会

『ダイエット検定1級テキスト』日本ダイエット健康協会編・著／日本ダイエット健康協会

『低インシュリンダイエット――ちゃんと食べてしっかり痩せる』永田孝行監修／新星出版社

巻末付録

居酒屋を
ダイエットレストランに変える
魔法のメニュー表

最初はこれをオーダーしよう!

野菜・海藻・キノコ
酢の物・海産物・卵

枝豆
キムチ
冷奴
海藻サラダ
キノコサラダ
キノコのホイル蒸し
冷やしトマト
カプレーゼ

オニオンスライス
生キャベツ
しめさば
サーモンマリネ
タコわさび
もずく酢
だし巻き卵
ゴーヤチャンプル

第2次オーダーはこれだ！

肉・魚

肉

ローストビーフ
牛ヒレステーキ（和風ソース）
焼肉（ヒレ・モモ）
ホルモン（ハツ・センマイ・スジ・テッポウ・シロ・ガツ・コブクロなど）
焼き鳥（ささみ・モモ・砂肝・レバー・ナンコツ・ハツ）

魚

焼き魚（ホッケ焼き・シシャモ焼き・イカの一夜干し）
刺身（刺身の盛り合わせ）

揚げ物を食べたければラストオーダーで！

おすすめ！

ナンコツのから揚げ
ごぼうのから揚げ
ささみのから揚げ
キビナゴのから揚げ
野菜の天ぷら
ゲソ揚げ

※じゃがいもを使ったもの、パン粉をまぶしたフライはNG！
※締めの炭水化物は、お茶漬けかそばをオーダー！

飲み物はこう頼もう!

最初の1〜2杯は
飲みたいものをオーダー!
なんでもよくなったら
太りにくい蒸留酒を!

太りやすいお酒

ビール
日本酒
ワイン
サワー
カクテル
マッコリ

太りにくいお酒

焼酎
ウィスキー
ジン
ウォッカ
ハイボール
酎ハイ
ジントニック
ウォッカトニック

本書の読者のみなさまへ特別プレゼントのご案内

プレゼントその1　特別セミナー音声教材

飲んでも食べても太らない！
飲み会ENJOYダイエット

「ダイエット前よりも10倍以上飲み会が増えても太らない」

小林一行が、食べても飲んでも太らないコツをミニセミナーでわかりやすくお伝えしている音声教材です。

プレゼントその2　特別書き下ろしPDF

飲み会が10倍増えても太らない
飲み会ダイエット必勝メモ！

飲み会で痩せるための食べ方・飲み方を1枚のペーパーにまとめました。居酒屋にこれを1枚持参すればもう飲み会で太らない!

プレゼントその3　特別書き下ろしPDF

一瞬でストレスをゼロにする
潜在意識フル活用ダイエット

本書には書ききれなかった「ストレスをゼロにする真の秘訣」を徹底解説しています!

ぜひいますぐアクセスしてこの3つのプレゼントを受け取ってください。

http://kobayashiikko.jp/present/

【著者紹介】
小林 一行（こばやし・いっこう）
◉――ダイエットセラピスト。日本ダイエット健康協会認定インストラクター。国際メンタルセラピスト協会認定メンタルセラピスト。
◉――大学卒業後、IT企業に就職するが、仕事や人間関係の悩みからうつ病を発症。そのストレスで太りはじめる。さらに過食症も併発し肥満がエスカレート、体重が60kgから83kgに。その後、うつが改善したことでダイエットにも着手するが、何度も挫折。それでも自分を変えたいと、身体のしくみを徹底的に勉強し、食べる順番を変える、通勤時や仕事中にできる筋トレを行うといった、簡単な生活改善と、継続のためのメンタル改善を重視した独自のダイエット法により、半年で14kg、2年で通算25kgのダイエットに成功した。
◉――意志の弱い自分でもできたダイエット法を、肥満で悩む多くの人に伝えたいという使命感から一念発起し、2010年、日本ダイエット健康協会認定インストラクターと、国際メンタルセラピスト協会認定メンタルセラピストの資格を取得。同年よりブログ、メルマガ執筆、セミナー、ダイエットの個人コンサルティングを展開している。
◉――著書に『何度も挫折したあなたに贈る　人生最後のダイエット』（朝日新聞出版）、『飲み会を断らない！　究極のオヤジダイエット』（自由国民社）などがある。雑誌への寄稿、ラジオ出演多数。

●ホームページ
http://kobayashiikko.jp

●公式ブログ
http://ameblo.jp/gamanlessdiet99

なぜ一流《いちりゅう》の男《おとこ》の腹《はら》は出《で》ていないのか？　〈検印廃止〉

2014年３月20日　第１刷発行
2014年４月30日　第３刷発行

著　者――小林　一行©
発行者――齊藤　龍男
発行所――株式会社かんき出版
東京都千代田区麹町4-1-4 西脇ビル　〒102-0083
電話　営業部：03(3262)8011㈹　編集部：03(3262)8012㈹
FAX　03(3234)4421　振替　00100-2-62304
http://www.kanki-pub.co.jp/

印刷所――ベクトル印刷株式会社

　ISBN978-4-7612-6987-6 C0030